기름부음 시리즈 ①
생명과 자유의 기름부음

윤남옥

메누하

이 책을

하나님의 다스림을 받는 모든 이들에게 드립니다.

들어가면서

"주께서 주의 백성 이스라엘을 세우사 영원히 주의 백성으로 삼으셨사오니 여호와여 주께서 그들의 하나님이 되셨나이다"(삼하 7:24).

다윗의 이 고백으로 저의 인생이 달라진 지 정확하게 20년이 흘렀습니다. 주님이 저의 하나님이 되어가시는 과정이 20년이 되어갑니다. 아직도 되어가고 있는 때에, 하나님이 하나님이 되시도록 부어주는 기름부음이 있다는 것을 깨닫게 되었습니다. 또한 하나님이 하나님이 되지 못하도록 방해하는 기름부음도 있다는 것을 알게 되었습니다.

하나님이 우리에게 부어주시는 기름부음이 하나님의 나라가 임하고 하나님이 하나님이 되시기를 원하시기 때문이라는 것을 깨닫고 이 책을 다시 쓰게 되었습니다.

그동안 "내가 너의 하나님이 되리라."라는 말씀과 기름부음 사역을 서로 연결하지 못하고 있을 때에, 하나님은 또 한 번 저를 가르쳐주셨습니다.

"너희는 주께 받은 바 기름부음이 너희 안에 거하나니 아무도 너희를 가르칠 필요가 없고 오직 그의 기름부음이 모든 것을 너희에게 가르치며 또 참되고 거짓이 없으니 너희를 가르치신 그대로 주 안에 거하라"(요일 2:27).

기름부음 사역이 시작된 것은 2005년, 지금으로부터 7년이 흘렀습니다. 하나님께서 제가 성실하게 기름부음 사역을 하면 기름부음에 대한 깊은 뜻을 가르쳐주시겠다고 약속을 해 주셨습니다. 그리고 때가 되셨는지 그 의미를 저에게 열어주셨습니다.

그 중요한 의미를 함께 나누게 됨이 너무나 감사합니다. 얼마 전 있었던 2012년도 메누하 청소년 겨울 캠프에서 이 주제로 아이들과 말씀을 나누었습니다. 아이들에게도 이 생명의 기름부음이 넘쳐서 천국시민권자로 힘차게 살아갈 수 있기를 바랍니다. 또한 이 책을 읽는 모든 분들에게도 이 생명의 기름부음이 폭포수같이 임하기를 기도합니다.

항상 책을 출판할 때마다 특별한 감사를 드리고 싶은 분이 계십니다. 그분은 저의 책을 항상 명품으로 만들어주시는 도서출판 메누하의 편집부장이십니다. 하나님께서 문서사역에 동역하게 하시고 이 힘들고 좁은 길을 함께 노래하며 걸어가게 하심을 감사드립니다.

또한 항상 기도해주는 가족과 메누하 가족들, 그리고 하나님께 영광, 영광을 올려드립니다.

2012년 새해 새 날에
윤남옥

차례

들어가면서 / 5

제1부 기름부음 사역으로 부르심

나는 너의 하나님이 되고 싶다 _ 12
너를 능력목회자로 세울 것이다 _ 18
주님의 방문을 받다 _ 24
주님의 영광 앞에 매일 서다 _ 31
그분의 영광과 기름부음의 관계 _ 37
기름부음이 나를 가르치다 _ 43
기름 붓듯(pour out)한다는 말의 의미는? _ 51
내적인 기름부음과 외적인 기름부음 _ 59

제2부 선악(善惡)을 알게 하는 나무

생명에의 의지와 자유에의 의지 _ 66
반드시 죽으리라 _ 77
한 가지 금한 것만을 바라보게 되다 _ 82
눈이 밝아 하나님과 같이 되어 _ 88

내가 주님인 인생 _ 95
두려워하여 숨었나이다 _ 100
가인에게 질투가 불 일듯 일어나다 _ 107
악한 열매: 땅이 사람을 저주하다 _ 113
악한 열매: 반드시 죽여라! 낙태하라! _ 118
선한 열매: 도덕과 종교 _ 128
선한 열매: 두 가지 관점으로 비교하다 _ 135
선한 열매: 내가 옳으냐? 네가 옳으냐? _ 141
6일의 가치관: 땅과 공간의 확장 _ 151

제3부   뿌리를 바꾸는 십자가

십자가 우리의 소망 _ 160
믿음으로 말미암아 생명을! _ 171
순종으로 말미암아 자유를! _ 179
거룩의 옷, 의의 기름부음을 받고 _ 187

제4부　생명나무

생기야 들어가 붙어살지어다 _ 195
네가 나를 경외하는 줄을 아노라 _ 201
허벅지 뼈가 어긋났더라 _ 207
누가 나를 보냈다고 하리이까? _ 214
와서 그분을 보라! _ 222
마가가 나의 일에 유익하니라 _ 229
나사로까지 죽이려고 모의하니 _ 236
베드로야 나를 따르라 _ 242
내게 죽는 것도 유익함이라 _ 249

글을 마치면서 / 257

제1부
기름부음 사역으로 부르심

너희는 주께 받은 바 기름 부음이 너희 안에 거하나니
아무도 너희를 가르칠 필요가 없고 오직 그의 기름 부음이
모든 것을 너희에게 가르치며 또 참되고 거짓이 없으니
너희를 가르치신 그대로 주 안에 거하라
(요일 2:27)

나는 너의
하나님이 되고 싶다

1992년은 저에게 특별한 해였습니다. 시무하던 교회에서 분쟁이 생겨 13개월 동안 어려움을 겪다가 결국에는 그 교회를 떠나 새롭게 교회를 개척한 해였습니다. 남편 목사님은 교회를 개척하였고, 저는 브라이드영성훈련원을 새로 시작하였습니다. 재정적으로는 절박하고 막막하였고, 저희의 심신은 지칠 대로 지쳐 있었습니다. 그러던 어느 4월, 저는 다윗의 고백을 읽어 내려가다가 놀라운 경험을 하게 됩니다.

> "주께서 주의 백성 이스라엘을 세우사 영원히 주의 백성으로 삼으셨사오니 여호와여 주께서 그들의 하나님이 되셨나이다"(삼하 7:24).

하나님이 그들의 하나님이 되셨다는 다윗의 고백을 읽는 순간, 그 말씀이 저의 마음을 강타하였고, 저의 인생을 기원전과 기원후로 바꾸어 놓았습니다. 저는 성경을 앞에 두고 한 달 동안 회개의 눈물을 흘리기 시작했고, 무릎 꿇고 하나님 앞에 사죄하면서 『나는 그들의 하나님이 되리라』라는 책을 써 내려갔습니다. 저의 회개의 핵심은 지금까지 하나님의 도움을 구하고, 하나님의 동행하심을 구하는 믿음은 가지고 있었지만 하나님의 통치를 받으려고 하지 않았다는 사실에 있었습니다. 하나님의 다스림을 받지 않고 있었다는 사실에 저는 큰 충격을 받았습니다. 정말 하나님은 나의 하나님이신 거야? 아니면 단지 문제의 해결사나 아니면 나를 지켜주는 수호신에 불과한 거야? 저는 하나님이 진정 하나님이 되시지 못하고 제가 필요할 때에 마음대로 이용하려고 했던 대상에 불과하였다는 것을 깨닫고 회개, 또 회개, 또 통회를 하게 되었습니다.

그런데 그때 하나님은 저에게 손을 내미셨습니다. "나는 너의 하나님이 되고 싶다." 아무 것도 보이지 않고, 어떤 것도 가지지 않고 있었으며 심신과 영혼은 지쳐 있어서 바닥을 치고 있었을 때에, 하나님은 지금 내가 너의 하나님이 되기를 원하신다고 말씀하셨습니다. 만일 지금 내가 너의 하나님이 될 수 있다면 어떤 상황에서도 하나님이 하나님이 되실 수 있다고 말씀하셨습니다.

개인적으로 절박한 그때에, 설상가상으로 제가 살고 있는 LA에 폭동이 일어났습니다. LA의 9,000채의 빌딩이 잿더미가 되었고, 저의 마음 역시 잿더미 위에 앉아 있었습니다. 사회적으로 개인적으로 저는 어떤 소망도 없었습니다. 가진 것 하나도 없고, 그렇다고 누가 딱히 도움을 주겠다는 사람도 없었습니다. 13개월 동안 교회 분쟁으로 심신이 탈진된 우리 부부에게는 온 세상이 막막하고 어둡게만 보였습니다. 길거리도 어두웠고, 하늘을 보아도 어두웠고, 집 안에 앉아있어도 어두웠고, 세상을 바라보아도 깜깜하였고, 저의 미래도 깜깜하였습니다.

불타오르는 LA가 잿더미가 되고 모든 것을 잃은 한인 이민자들이 절규하고 있을 때, 저는 개인적으로 영적으로, 재정적으로 파산을 한 심정으로 성경을 읽어 내려가다가 이 성경본문을 만난 것입니다. 언제나 읽어 내려갔던 성경 구절이었지만 그날은 그 말씀이 저의 마음에 비수처럼 꽂혔습니다.

"나는 너의 하나님이 되고 싶다."는 하나님의 파격적인 선언은 저의 인생과 사역을 바꾸어놓았습니다. "이제부터 주님이 저의 하나님이 되도록 저를 이끌어 주십시오. 하나님이 하나님이 되셔서 저를 통치해주시고 다스려 주십시오. 하나님이 저의 하나님이 되어 주십시오." 저는 잿더미가 된 LA에서 주님만을 바라보기 시작했습니다. 그래, 이제부터 하나님만 바라보아야지. 어떤 것도 저에게 소망일 수 없었습니다. LA 폭동으로 모든 한국인 이민자들이 저와 같이 바닥을 치고 울며 절규하고 있었습니다. 그것은 6·25 전쟁 후에 모든 것을 잃어버리고 아비규환이 되었던 장면과도 같은 때였습니다.

LA 폭동이 진행되는 동안 저는 한국에 나갔습니다. 준비해 온 교재를 한국에 나가서 책으로 출판하였습니다. 한국 곳곳에 현수막이 붙어 있었습니다. "LA 동포를 도웁시다." 그 현수막을 보는 순간, 저의 마음은 다시 어두워졌습니다. 이렇게 어두운 나의 인생이 다시 밝아질 수 있을까? 갑자기 LA에서 제가 살고 있다는 것이 부끄러워졌습니다. 저의 마음이 어둡고 절망 속에 있었던 때라, 더욱 수치스럽게 느껴졌던 것 같습니다. 그러한 현수막이 보일 때마다 어디에 숨어버리고 싶었습니다.

한국에 가 있는 동안 여러 분들이 저를 돕겠다고 손을 내밀었습니다. 하지만 저는 그 손을 잡지 않았습니다. 정말 하나님이 하나님이 되시기를 원하시는 것 같아서 하나님만 바라보는 훈련을 하였습니다. 힘들 때에도, 아무 것도 보이지 않을 때에도 저는 하나님만을 바라보면서 저의 하나님이 되어 주실 것을 계속 기도하였습니다.

그 이후, 그 교재를 가지고 목사님들에게 성경을 여는 키워드, '나는 그들의 하나님이 되리라' 는 주제로 세미나를 해 왔습니다. 그러던 중 1998년 2월에 브라이드영성훈련원이 정규적으로 모일 수 있는 기회가 생겼고, 젊은 한국의 목회자들에게 하나님이 하나님이 되시도록 세미나를 통해서 섬겨왔습니다.

하나님은 저의 사역의 이름을 브라이드(Ministry of the Bride)로 주셨습니다. 그리고 이렇게 당부하셨습니다. "사랑하는 딸아, 나는 모든 목회자들에게 창조적 목회를 맡겼다. 어느 누구에게도 똑같은 목회를 맡기지 않는다. 너는 남의 목회를 모방하려고 하지 말고 내가 너에게 준 창조적 목회를 하라. 너는 교재를 들고 가서 말씀으로 그리스도의 신부들을 그리스도에게로 중매하는 일을 하라. 너는 중매쟁이다. 말씀으로 그리스도가 얼마나 멋있는 신랑인지 전하라. 모두가 그 신랑과 결혼하고 싶은 마음이 들도록 말씀을 풀어주어라." 가끔 미국에서 사람들이 질문합니다. "결혼상담소 하시고 있나요?" 이름이 브라이드이니까 그렇게 질문하는 것 같습니다. 그러면 저는 이렇게 대답합니다. "그렇습니다. 저는 결혼상담소를 합니다. 그런데 신랑자리가 그리스도입니다."

성경을 읽고 또 읽고 가운데 성경 전체의 맥이 열린 저는 미국과 한국에서 부흥회를 인도하기 시작하였습니다. 1989년 클레어몬트 신학대학원을 졸업하고 나서부터 시작된 부흥회는 가속이 붙기 시작하였고, 가는 곳마다 부흥회 요청이 쇄도해 들어왔습니다. 미국에 있을 때에도 부흥회를 하였고 한국에 일 년에 네 번 나가 있을 때에도 계속 부흥회를 인도하였습니다. 저의 입에서는 "나는 그들의 하나님이 되리라."는 말씀이 떨어지지 않았습니다.

아버님이 언제나 말씀하셨듯이, 사람을 키우는 것이 가장 큰 선교라는 것을 저의 삶에서 실천하기 시작했습니다. 젊은 목회자들이 훌륭한 영성을 가지고 목회를 하도록 정규 훈련의 프로그램을 만들어서 섬기기 시작했습니다. 비록 많은 수의 목회자들은 아니었지만 소그룹으로 영성훈련 모임이 성장해가기 시작했습니다. 저는 영성훈련을 인도하면서 깨달은 진리들을 책으로 써 내려가기 시작하였고, 책을 저술하는 일은 저의 아버님이 그러하셨던 것처럼 저의 일상이 되어갔습니다.

사도 바울이 하나님의 열심으로 신부들을 그리스도께로 중매한 것처럼 저도 하나님의 열심으로 이곳저곳을 열심히 뛰어다니며 중매 사역을 하였습니다.

"내가 하나님의 열심으로 너희를 위하여 열심을 내노니 내가 너희를 정결한 처녀로 한 남편인 그리스도께 드리려고 중매함이로다"(고후 11:2).

너를
능력목회자로 세울 것이다

하나님이 하나님이 되시고 싶다는 그 열망을 열심히 전하면서 세월이 많이 지나갔습니다. 딸이 결혼하여 자녀들을 낳았고, 그들은 중동에서 복음을 전하고 있었습니다. 저는 부흥사역을 인도하여 나가다가 많은 한계를 느끼기 시작하였습니다. 딱히 이 사역에 대하여 누가 가르쳐주는 사람도 없었고, 그 다음 단계는 이러한 것이라고 친절하게 인도해주는 멘토도 없었습니다.

저는 이제 슬슬 은퇴 준비를 해야겠다고 생각했습니다. 성령운동이라는 말을 슬로건으로 걸기에는 저의 사역은 미미하였고, 능력은 나타나지 않았었습니다. 말씀은 열심히 전하고 있었지만 항상 무엇인가가 2% 부족하게 느껴졌습니다. 그것이 무엇일까 질문도 해보지만 그렇다고 대답이 나오는 것은 아니었습니다. 딸이 자녀들을 데리고 중동에서 선교를 하고 있으니까, 빨리 은퇴하여 그곳에 가서 작은 집을 하나 짓고 딸의 선교를 도우면서 노후를 보내야겠다는 막연한 생각을 하고 있었습니다. 인터넷이 발전된 시대이니 목회자들을 훈련하는 것은 인터넷으로 하면 될 것 같았습니다.

그렇게 마음을 먹고 사역들을 정리하려고 할 때에, 한 대학생이 저에게 연락하였습니다. 성령의 은사를 받고 너무나 뜨거운 상태인데 자신을 이끌어줄 멘토가 없어서 답답하다고 하면서 성령의 은사에 대하여 가르쳐달라고 연락이 온 것입니다. 그 청년은 제가 쓴 『성령의 은사로 신령한 집 세우기』(도서출판 진흥)를 읽고 마침 전화번호가 기재되어 있어서 연락을 한 것입니다. 그 청년은 지속적으로 저에게 전화를 걸어서 질문들을 퍼부었고, 제가 대답할 것이 더 이상 없다고 한계를 느낄 즈음에, 저에게 예언을 하기 시작하였습니다.

"하나님께서 목사님을 능력목회자로 부르셨습니다. 하나님은 목사님이 조기 은퇴하는 것은 생각도 말라고 하십니다. 목사님의 사역에는 은퇴가 없으시고 80세가 되어도 허리도 굽지 않고 건강하게 사역을 하신다고 합니다. 하나님이 말씀하시기를 지금까지 한 것은 준비운동이고, 이제부터가 시작이라고 말씀하십니다. 초교파적으로 능력사역을 하게 될 것이고, 한국에서 일어나는 기적은 세계적으로 사역하는 데 리허설에 불과하고 앞으로 세계적인 능력 사역자들과 어깨를 나란히 하고 사역을 하게 된다고 합니다."

그래서 왜 하필 나를 선택하여 능력사역을 하게 하시는지 여쭈어 보아 달라고 했습니다. 그러자 그 청년은 이렇게 답을 듣고 전해주었습니다.

"하나님이 말씀하시기를 대부분 신학이 없이 은혜를 받고 은사

운동을 하는데 그것은 위험하다고 합니다. 그러나 목사님은 신학을 바탕으로 은혜를 받으셨기 때문에 은사까지도 신학화 할 수 있어서 건전하게 이 능력사역을 할 수 있다고 말씀하십니다. 균형 잡힌 (balancing) 사역이 될 것이라고 말씀하셨고, 초교파적으로 장로교회 목사들도, 침례교회 목사들도, 감리교회 목사들도 목사님이 은사에 대하여 신학적으로 풀어주면 받아들일 것이라고 말씀하셨습니다."

그래서 저는 언제부터 이 사역을 하게 하실 것인지도 다시 여쭤 봐 달라고 부탁했습니다. 그러자 그 청년은 "아마 5-6년 준비해야 하지 않을까요?"라고 대답하였습니다. 그러나 그런 예언을 받은 지 몇 달 되지 않아서 저는 안드레 잭슨(Andre Jackson) 목사님을 만나게 되었습니다. 그 목사님은 저를 만나자마자 또 예언기도를 해 주셨습니다.

"하나님께서 당신에게 오중복음사역을 주셨고, 예레미야와 같이 다시 부수고 세우는 사역을 주셨습니다. 손을 얹을 때마다 놀라운 치유사역이 일어나게 될 것이며 온 세상에 이 사역이 확장될 것입니다."

안드레 잭슨 목사님을 만난 후부터 저는 실제로 능력 사역이 어떤 것인지 알게 되었고, 그 청년은 5-6년 기다려야 한다고 말했지만 그 해 10월에 제가 한국에 나갔을 때에는 축사가 일어나면서 능력목회가 시작되었습니다. 사람들이 저에게 와서 더 기도 받고 싶다고 할 때, 기도를 해 주면 몸을 틀면서 귀신들이 쫓겨나가는 일들이 나타났습니다. 전에는 한 번도 그런 일이 없었는데 저의 눈앞에서 능력 아래 쓰러지고, 능력 대결이 일어나는 것이 확연하게 나타나기 시작하였습니다.

그래서 시작된 능력목회는 이제 7년째 접어들었고 예수님은 저의 집을 20일 동안 방문해주시고, 저를 수시로 천국으로 불러주셔서 신령한 계시를 주시기 시작하였습니다. 안드레 잭슨 목사님, 제리 레오나드 선생님 등을 통하여 많은 기름부음의 전이가 일어났고, 제가 생각하지 못하였던 일들이 집회 가운데 나타나기 시작하였습니다.

이러한 사역이 기름부음 사역이라는 것을 알게 되었고 기름부음 사역에 대하여 하나 둘씩 깨달아가게 되었습니다. 어느 해인가 하나님께서는 "네가 일 년 내내 기름부음 사역을 열심히 하면 기름부음에 대하여 계시해주겠다."고 말씀해주셨습니다. 제가 열심히 하루도 쉬지 않고 기름부음 사역을 하자 그러자 하나님은 보이는 기름부음이라고 하시면서 금가루의 기름부음에 대한 계시를 허락해주셨습니다.

그 이후, 이해하지 못하는 사람들로부터는 공격도 받고, 이해해주는 분들로부터는 따뜻한 격려와 협조를 받았습니다. 그러면서 치유와 축사 사역과 예언사역이 지속적으로 이어져 갔습니다. 하나님의 은혜로 힐링룸 사역을 허락해주셔서 치유받기를 원하는 많은 발걸음이 서초동(메누하힐링센터)으로 향하게 하여 주셨습니다.

힐링룸이 시작되었을 때에 예수님께서는 이렇게 말씀하셨습니다.

"이 도시에 치유 받을 수 있는 곳이 생겼다는 것이 너무 기쁘다. 치유 받으러 오는 사람들에게 하나님의 자비와 긍휼을 한량없이 부어줄 것이다."라고 말씀하시면서 찬양까지 주셨습니다. 〈주의 자비가 내려와 내려와〉 이 찬송을 주셨습니다. 저는 교회에서 이 찬송을 부르고 또 부르면서 눈물을 흘렸습니다.

1984년 12월 4일, 정명소 전도사님(후에 목사님이 되셨다가 돌아가셨습니다)은 우리 교회의 일일 부흥회에 초청을 받고 능력집회를 인도하여 주셨습니다. 그분은 30분 이상 찬양을 인도하셨고, 말씀도 주셨습니다. 그러던 중, 성령의 능력이 강하게 나타나기 시작하였고, 온 교회가 영적 지진을 체험하게 됩니다. 앉아있는 의자들이 흔들리고, 우리의 몸들이 다 흔들렸습니다. 저도 역시 의자를 붙잡고 앉아있었는데, 정명소 전도사님은 저에게까지 와서 안수를 해 주시면서 "감리교회를 변화시키는 능력의 여종이 되게 하소서."라고 말씀하셨습니다.

저는 그때부터 가슴이 뜨거워지기 시작하였고, 그 뜨거움은 3년이 지나도록 사라지지 않았습니다. 저는 그 뜨거운 가슴으로 성경을 읽기 시작했고 교회 기도회도 인도하였고, 어디든지 설교를 부탁받으면 달려가서 복음을 전하였습니다.

정말 감리교회를 변화시키는 능력의 여종이 될 수 있는 것일까? 그런데 오늘 그분의 예언이 생각이 납니다. 하나님께서 저에게 능력사역을 하게 하시겠다고 말씀하신 지 벌써 20년 전에 한 전도사님의 입을 빌려 이미 그 말씀을 주셨던 것입니다. 하지만 저는 능력사역이라는 말에는 관심이 없었고, 그 말이 진정으로 무엇을 의미하는지 몰라서 잊어버리고 있었던 것 같습니다.

주님의
방문을 받다

2006년 9월, 안드레 잭슨 목사님께서 저에게 무엇인가를 설명하고 싶다고 만나자고 하였습니다. 저는 그분을 모시고 LA까지 운전하고 갔습니다. 첫인상은 소탈하시고 뚱뚱하셨으며 대화하면 할수록 하나님의 사람이라는 느낌이 들었습니다. 언제나 하나님께 영광을 올려 보내고 본인은 참으로 겸손하였습니다. 그분은 오래 전에 자기 집에 한복을 입은 천사가 방문하여 한국에 가서 사역을 할 것을 미리 보여주었다고 하였습니다.

그분과 함께 간 곳은 어느 여성목회자의 집이었습니다. 그 댁에서 점심을 잘 대접받고 몇 사람이 모여서 안드레 잭슨 목사님이 강의하는 랜드웍(Landwork)에 대하여 들었습니다. 저는 잘 이해가 되지 않았지만 새로운 지혜에 대하여 관심을 갖게 되었습니다. 그 댁에서 강의가 끝나자 우리는 서로에 대하여 예언기도를 해 주는 시간을 가졌습니다. 그때 그 여성목회자는 하나님께서 저를 삼층 천으로 데리고 오라고 하셨다며 제가 천국에 갔다 오게 되면 목회가 완전히 달라질 것이라고 말씀해주었습니다. 저는 일주일 동안 준비하고 다시 그 댁에 가서 그분이 하라는 대로 찬양을 올려드리는 가운데 천국에 입신을 하게 됩니다.

한 번도 이러한 경험이 없었던 저에게 능력 아래 쓰러지는 일이 일어났습니다. 그것도 〈나 같은 죄인 살리신〉 찬양을 1절도 끝나지 않았는데 저는 그대로 능력 아래 들어갔습니다. 온 몸이 굳어져 마비되는 것을 느꼈습니다. 목구멍부터 굳어왔습니다. 하나님은 저에게 완전 죽음을 체험하게 하셨습니다. 저는 '죽을 때에는 이런 상태로 관 속에 들어가겠구나' 라고 실감하였습니다. 생각은 있고 말소리도 들리는데 온 몸이 완전히 능력 아래 들어갔습니다. 하나님께서는 "너에게 천국이 어떤 것인가를 보여주려고 하는 것이 아니라 완전 죽음이 어떤 것인가를 보여주려고 한다. 너는 내 앞에서 완전히 겸손하라. 네가 완전히 죽어야 너를 통해서 내가 일할 수 있다."고 천국으로 불러주신 이유를 말씀해 주셨습니다.

그렇습니다. 천국에 대한 경험보다도 더 중요한 것은 제가 완전히 죽어야 한다는 것을 나중에야 깨달았습니다. 13년 동안 신학을 공부하고 책 속에서 만나던 하나님을 직접 뵙게 되었습니다. 하나님은 저에게 천국의 모습을 잠깐 맛보도록 하였습니다. 그러나 그것은 시작에 불과하였습니다.

2006년 7월, 저는 생각지도 않은 경험을 하게 됩니다. 서울에서 LA 집으로 돌아와서 아직 여독도 풀리지 않았을 때에, 예수님은 저의 집을 방문해주시기 시작하였습니다. 그 방문은 20여 일 동안 계속되었습니다. 저는 이러한 방문이 존재하는지도 몰랐는데 예수님은 저의 집을 매일 방문해주셨습니다. 그리고 치유하는 방법과 땅의 비밀에 대하여 열어주셨습니다. 저는 이러한 일이 있을 때에, 어떻게 해야 하는지도 모르면서 주님의 방문을 매일 받게 되었습니다. 그동안 저는 두 번이나 쓰러져서 병원에 실려 가기도 했습니다. 왜냐하면 그분의 영광 앞에서 서 있을 수가 없었기 때문입니다. 병원에 가면 아무 일도 없다는데, 저는 죽어서 병원에 실려 갔습니다. 저는 살아있는데 모든 것이 다 빠져나간 것 같은 죽음을 경험하였고, 병원에서는 아무 조치도 하지 않고 다시 저를 내보냈습니다. 나중에야 그것이 하나님의 영광 앞에 설 때에 받는 강력한 기름부음이라는 것을 알게 되었습니다. 예수님은 처음으로 제가 기름부음이 무엇인지 알게 해 주셨고, 기름부음으로 인하여 저는 어떻게 반응이 되는지 실제로 체험하게 되었습니다.

그런 경험이 있은 다음에 저의 목회가 달라지기 시작했습니다. 제가 죽으니까, 제가 순종하니까 예전과 전혀 다른 목회가 시작되었습니다. 저를 주님이 소유하니까, 제가 달라지고 목회가 달라졌습니다. 이성적으로 주님을 믿던 제가 처음으로 주님의 영광 앞에 서는 축복을 누리게 되었습니다. 귀로만 듣던 하나님 눈으로 뵙게 되었습니다. 그 영광을 맛보게 된 저는 두려움과 경외심을 가지고 그분 앞에 섰습니다. 그분의 영광 앞에 서서 말할 수 없는 기름부음을 받았습니다.

하나님은 저에게 계속 기름을 부어주셨습니다. 저의 미간으로 흘러내리는 기름부음을 제가 느낄 수가 있었습니다. 밖으로는 보이지 않는데 저의 미간에서 흘러내리는 기름부음으로 인하여 저의 미간은 하루 종일 흔들렸습니다. 영적으로 흘러내리는 기름부음은 하루 종일, 아니 며칠 동안 계속되었습니다. 그 두렵고 떨리는 경험으로 인하여 저는 하나님의 영광이 얼마나 높고 높은 것인지 체험하게 되었습니다.

2006년 7월 9일. 그때 하나님께서 저에게 말씀해주신 기름부음에 대하여 다시 들어보도록 하겠습니다.

저는 오늘 나성에서 열리는 제 3회 웨슬리 학회 모임에 '웨슬리와 기름 부으심'이라는 주제로 워크샵을 하러 갔습니다. 마침 남편 목사님이 한국에서 오는 길이므로 공항에 마중 나갔다가 함께 회의 장소로 갔습니다. 성결교, 감리교, 나사렛교단이 함께 모여서 국제 포럼을 갖는데 제가 한 시간 동안의 워크샵을 맡게 되었습니다.

강의를 끝내고 집에 돌아와서 자려고 하는데 하나님이 다시 방문해주셨습니다. 오늘 강의는 다 끝났는데 왜 또 오셨을까? 저는 의아했는데 기름 부으심에 대하여 다시 말씀을 주시고 싶어 하셨습니다.

주님은 이렇게 말씀하셨습니다.

"모이기를 힘쓰라고 하는 말은 바로 그 시간에 기름부음이 있기 때문이다. 그래서 매주일 예배는 기름부음을 다시 받는 시간이다.

기름부음 없는 예배를 드리게 되면 성도들은 은사도, 열매를 맺는 삶을 살지 못한다. 자주 모이라고 하는 것은 그 모이는 시간이 기름부음의 시간이 되기 때문이다."

아하! 정말 주일예배는 너무 중요하군요. 그 시간에 풍성한 기름부음이 있을 때 기름부음을 공급받고 그들이 각자 처소에 돌아가서 충만한 생활을 하게 되는군요.

주님은 계속 말씀하셨습니다.

"은사도 열매도 신령한 성전을 세우는 것도 기름부음 없이는 아무것도 할 수 없다. 오순절을 기억하라. 그때 대대적인 기름 부으심, 곧 성령강림이 있었다. 그 이후 그들은 은사를 받았고 기쁨의 생활이 시작되었고 또 열매 맺는 삶이 시작되었고 죽을 수도 있는 증인의 삶이 시작되었다."

저는 웨슬리 목사님의 집회를 다시 상기하여 보았습니다. 그분이 집회를 인도하기 전에 언제나 동생 찰스 웨슬리의 영감 있는 찬양인도가 있었고 그분이 말씀을 전하기 시작하였을 때에는 듣는 이들이 성령의 권능에 쓰러지기 시작하였던 것입니다. 저는 아하! 기름부음이 없이는 어떤 일도 시작될 수 없다는 것을 깨달았습니다.

하나님께서는 "그러므로 예배는 기름부음이 있어야 한다. 기름부음이 있다면 그 다음부터는 성령이 일하기 시작한다. 안드레를 통해서도 일하고 너를 통해서도 일한다. 그 사람의 능력에서 나오는 것이 아니라 그 사람을 통하여 내가 일한다. 큰 능력이 드러나는 집회는 인도자가 어떻게 기름 부으심이 있는지, 어떻게 성령의 임재를 초청하는지에 대하여 더 크게 열려있기 때문이다."

"이제 너는 성령의 임재에 대하여 민감하게 인식하기 시작했으므로 어떤 일에도 두려워하지 말라. 성령의 임재를 기다리고 그의 기름 부으심을 기다리라. 그리고 시작하면 놀라운 일들을 보게 될 것이고 듣게 될 것이다. 네가 하는 일은 오직 그의 임재를 기다리고 기름 부으심이 오도록 기다리면 되는 것이다."

저는 너무나 오랫동안 저의 사역이 기름부음 없이 강행되었다는 것을 깨달았습니다. 기름 부으심이 없을 때 저는 설교하였고 강의하였고 기도하였고 예배를 인도하였고 찬양하였습니다. 그래서 경건의 모양은 있었지만 실제로 능력이 드러나지 않았던 것입니다. 그래서 언제나 2% 정도 무엇인가가 부족하다는 것을 느끼고 있었습니다. 만일 이것을 제가 보다 일찍 알았다면, 그리고 민감하게 응답할 수 있었다면 얼마나 큰 권능의 역사가 있었을까 회개하였습니다. 그리고 저는 우리 교회를 위하여 기도하기 시작하였습니다.

"우리 교회에 기름부음이 없습니다. 주여! 우리 교회에 기름을 부어주옵소서."

주님은 찬양을 통하여, 기도를 통하여, 말씀을 통하여 기름부음이 있다고 하셨습니다. 그러나 단순히 찬양을 통하여 기름부음이 있는 것이 아니라, 기름부음이 있는 찬양과 기도와 말씀에 기름부음이 있다고 하셨습니다. 마치 예전에 물을 먼저 넣고 더 많은 펌프 물이 나오게 하는 마중물처럼, 기름부음 있는 찬양, 기도, 말씀을 통하여 기름부음이 더하여진다고 말씀하셨습니다. 그러므로 기름부음 있는 찬양, 기도, 말씀을 위하여 기도하고 기름부음을 기다리라고 하셨습니다.

그러므로 "너는 항상 깨어서 기도하라 그리고 나를 환영하라." 하시면서 기름부음에 대한 감격적인 깨달음을 다시 한 번 더 주셨습니다. 기름부음은 성령의 임재이며 성령의 임재 없이는 어떤 것도 생명이 없으며 단지 형식과 위선에 지나지 않는 죽은 것이라는 것을 깨닫게 해 주셨습니다.

주님은 다시 한 번 더 강조하셨습니다.

"너는 사람을 의지하지 말라. 모든 역사는 사람을 통하여 일어나는 것이 아니라 기름 부으심으로 일어나는 것이다. 그 시간에 하나님이 기름 붓는 사람을 통하여 일어나지만 역시 모든 것은 내가 하는 것이니 너는 항상 기름부음을 받고 기름을 준비하고 있어라"
(『나의 사랑하는 신부여 이렇게 치유하라』 96쪽).

주님의 영광 앞에
매일 서다

2005년 10월에 처음으로 입신의 경험을 하고 한국으로 집회를 갔는데 하나님께서 안드레 목사를 불러서 한국에서 함께 사역을 하도록 명령하셨습니다. 저는 안드레 목사님을 잘 알지 못하고, 그분의 영성이나 신학도 알지 못하는 상태에서 하나님의 명령을 받았습니다. 제가 입신을 한 경험이 없었다고 한다면 하나님의 명령을 무시하고 지나갔을 수도 있습니다. 그런데 저는 완전죽음을 체험하였고 하나님의 말씀을 거역하거나 불순종하는 것은 죽음 이외에 돌아올 것이 없다는 것을 알았습니다. 그래서 순종하고 그분을 한국으로 초청하여 처음으로 집회를 가졌습니다. 저를 위해서 예언기도를 해주던 그 청년은 제가 한국에 가기 전에 꿈을 꾸었다고 하면서 이렇게 말해주었습니다. "이번에 한국에 갈 때에는 비행기 표가 하나였는데 돌아올 때에는 비행기 표가 둘이 되었어요."

그의 예언대로 저는 혼자서 한국으로 떠났는데 미국으로 돌아올 때에는 안드레 목사님과 함께 돌아오게 되었습니다. 그후, 안드레 목사님은 저의 교회에서 치유집회를 인도하여 주셨고, 2006년 5월에 한국에 와서 함께 능력치유집회를 시작했습니다. 그때로부터 이 메누하 능력치유집회가 시작되었습니다. 그렇게 날마다 기름부음 집회로 뜨거워진 상태에서 미국으로 다시 돌아온 것은 2006년 6월 말이었습니다.

그 다음 달 7월 5일, 주님은 저의 집을 20일 동안 방문해주셔서 치유에 대한 계시와 땅에 대한 계시를 주셨습니다. 주님이 저를 그렇게 방문하는 동안, 그분의 높고 높은 임재와 영광 앞에서 두 번이나 쓰러졌고, 그런 상태에서 병원에 실려가기도 하였습니다. 나는 살아있는데 죽었고, 나는 듣고 있는데 주님의 영광 앞에서 온 몸이 아무 것도 할 수가 없었습니다. 처음에는 그분의 말씀과 계시가 너무 신기해서 호기심도 많았지만 제가 그분 앞에 서면 설수록 저의 죄가 드러나게 되었고, 결국에는 "주여, 나를 떠나소서! 제가 죄인이로소이다."라고 고백한 베드로처럼 그분 앞에 온 몸을 바쳐 항복하게 되었습니다.

항복합니다. I surrender all
항복합니다. I surrender all

찬송가 50장의 가사 중에 '주께 드리네, 주께 드리네'는 영어로는 '제가 당신 앞에 모든 것을 항복합니다' 라는 뜻이었습니다. 저는 집회마다 이 찬양을 불렀습니다.

그분의 영광 앞에 선다는 것, 얼마나 힘든 일인지 알 수 없습니다. 버러지만도 못한 존재가 그분의 영광 앞에 선다는 것이 놀랍고 놀라웠습니다. 죄인인 제가 감히 주님의 영광 앞에 선다는 것이 믿어지지 않았습니다. 머리로만 믿고 있었던 저에게 주님은 직접 눈으로 그분을 뵙도록 하였습니다. 그때부터 저는 성경에 나오는 성경인물들이 주님 앞에 두려워 떨며 능력 아래 들어가는 모습을 찾아보기 시작하였습니다.

"웃시야 왕의 죽던 해에 내가 본즉 주께서 높이 들린 보좌에 앉으셨는데 그의 옷자락은 성전에 가득하였고 스랍들이 모시고 섰는데 각기 여섯 날개가 있어 그 둘로는 자기의 얼굴을 가리었고 그 둘로는 자기의 발을 가리었고 그 둘로는 날며 서로 불러 이르되 거룩하다 거룩하다 거룩하다 만군의 여호와여 그 영광이 온 땅에 충만하도다 이같이 화답하는 자의 소리로 인하여 문지방의 터가 요동하며 성전에 연기가 충만한지라 그때에 내가 말하되 화로다 나여 망하게 되었도다 나는 입술이 부정한 사람이요 나는 입술이 부정한 백성 중에 거하면서 만군의 여호와이신 왕을 뵈었음이로다"(사 6:1-5).

이사야의 경험과 저의 경험은 천사들을 대동하고 오신 주님의 모습과 대동소이하였습니다. 주님께서는 천사들을 대동하고 오셨는데 친히 말씀하시기를 "이들이 미가엘 군대의 천사들이다."라고 말씀해주셨습니다. 이 천사들이 저의 부흥집회마다 함께 할 것이며, 원수 적군들을 물리쳐주신다고 하셨습니다. 부흥회마다 사탄도 군대를 파송하므로 주님은 저에게 미가엘 군대, 전쟁에 나가서 싸우는 미가엘 군대를 파송하시겠다고 말씀해주셨습니다. 저는 이사야가 얼마나 여기에서 하나님의 영광에 압도당하였는가를 알게 되었습니다. 제가 두 번이나 죽어서 병원에 실려 갔던 것도 그분의 영광이 너무 크고, 저의 죄가 너무 깊었기 때문입니다.

저는 또 에스겔이 주님의 나라를 보는 환상에서도 같은 감동을 받았습니다. 또한 사도 요한이 주님을 만나고 쓰러질 수밖에 없었던 장면에서도 공감을 가졌습니다.

"내가 볼 때에 그의 발 앞에 엎드러져 죽은 자 같이 되매 그가 오른손을 내게 얹고 이르시되 두려워하지 말라 나는 처음이요 마지막이니"(계 1:17)

또한 사도 바울도 특별한 체험을 하였습니다. 다메섹 도상에서 주님을 만났습니다.

"땅에 엎드러져 들으매 소리가 있어 이르시되 사울아 사울아 네가 어찌하여 나를 박해하느냐 하시거늘 대답하되 주여 누구시니이까 이르시되 나는 네가 박해하는 예수라"(행 9:4,5).

"사울이 땅에서 일어나 눈은 떴으나 아무 것도 보지 못하고 사람의 손에 끌려 다메섹으로 들어가서 사흘 동안 보지 못하고 먹지도 마시지도 아니하니라"(행 9:8,9).

신학자이며 영적 지도자였던 사울이 그리스도인을 잡으러 가던

길목에서 주님을 직접 뵙게 되었던 것입니다. 그러자 눈이 멀어 3일 동안 보지 못하였습니다. 주님의 영광이 너무 강렬하여 눈이 멀어버린 것입니다. 그분의 영광이 너무 커서 그의 육신의 눈까지 감아버릴 수밖에 없었던 것입니다.

저는 저의 경험에 비추어서 왜 하나님은 이러한 신령하고도 특별한 경험, 곧 주님의 영광 앞에 서는 일들을 허락하시는지 궁금하였습니다. 그런데 그 모든 성경인물들이 언제 이러한 경험을 하는지 공통점을 발견하게 되었습니다. 하나님께서 특별한 사명을 맡길 때, 이러한 경험을 하게 하신다는 것을 알았습니다. 이러한 경험을 통하여 어떤 일을 맡겨도 순교하는 마음으로 이것을 감당할 수 있게 되기 때문입니다. 이러한 특별한 주님과의 만남, 임재 가운데 들어갔던 사람들, 그리고 그 능력 아래 쓰러졌던 사람들은 모두가 다 핍박을 받는 사역을 하였다는 것입니다. 그 당시에 아무도 이해하지 못하는 사역을 감당할 때에, 흔들리지 않고 담대하게 이 사명을 감당하도록 확실하게 주님을 뵙는 경험을 하게 하신다는 사실을 깨달았습니다.

이사야도 그러하였고, 에스겔도 그러하였고 사도 요한도, 사도 바울도 그러했습니다. 마리아와 마르다, 그리고 나사로도 마찬가지였습니다. 나사로도 결국에는 담대하게 주님을 증거하다가 순교하였습니다. 그렇습니다. 순교할 수 있는 능력을 주기 위해 하나님은 주님 앞에 우리를 서게 하십니다. 그분의 임재 앞에 서는 것이 곧 주님의 능력 앞에 서는 것이며 능력의 기름부음을 공급받는 일이었기 때문입니다.

그분의 영광과
기름부음의 관계

기름부음을 이해하기 위하여 우리는 영광을 이해해야 합니다. 영광 앞에서 쓰러지는 현상도 이해해야 합니다. 그리고 그 영광 앞에서 기름부음을 공급받는다는 것도 알아야 합니다. 모든 기름부음은 하나님과 대면할 때 받습니다. 모든 기름부음은 하나님으로부터 흘러들어옵니다. 그러므로 하나님의 영광 앞에 서면 설수록 더 깊은 기름부음으로 들어갑니다.

'영광'이라는 히브리 단어는 '카보드'라는 데서 나왔습니다. 그리고 '카베드'라는 말도 같은 뿌리에서 나왔는데 그 말은 '무겁다'라는 뜻입니다. 그러므로 '카보드'라는 말도 무겁다, 무게라는 뜻으로 이해하면 좋습니다. 신약성경에서는 영광이 '독사'(doxa)라는 말로부터 번역이 되었는데 이 말의 뜻은 '나타남, 현현, 위대함' 입니다. 히브리말이나 희랍어에서 하나님의 영광이 어떤 뜻으로 사용되어졌는가를 아는 것이 중요합니다. 사도 바울도 영광의 영원한 무게에 대하여 말한 적이 있습니다.

"우리의 잠시 받는 환난의 경한 것이 지극히 크고 영원한 영광의 중한 것 (eternal weight of glory)을 우리에게 이루게 함이니 우리가 주목하는 것은 보이는 것이 아니요 보이지 않는 것이니 보이는 것은 잠깐이요 보이지 않는 것은 영원함이라"(고후 4:17,18).

우리들이 하나님께 영광을 돌린다는 뜻은 가장 높은 무게를 그분에게 돌린다는 뜻입니다. 왜냐하면 하나님의 위대하심, 광대하심, 그분의 빛남, 영원함, 이 모든 것이 그분이 누구인가를 나타내주기 때문입니다. 그분의 위대함이 빛처럼 나타나는 것입니다. 너무나 거룩하고 성결하고 위대하여 그분의 앞에 똑바로 서 있을 수 없는 것이 그분의 영광입니다. 그분의 영광이 임하면 우리는 무겁게 눌리는 것처럼 온 몸이 힘이 빠지고 그분 앞에 서 있을 수가 없습니다.

하나님의 영광, 하나님의 나타내심은 곧 하나님의 신성한 특성과 성품을 나타내주는 것입니다. 곧 그분의 인격이요, 존재입니다. 하나님이 현현하시는 곳에는 하나님의 기름부음이 따라옵니다. 다시 설명한다면 하나님의 현현은 그분의 성품이 나타나는 것이고 기름부음은 그분의 능력이 나타나는 것이라고 볼 수 있습니다. 하나님의 현존이 나타나는 곳에는 능력도 함께 나타나는 것이므로 하나님의 영광과 기름부음의 관계는 서로 뗄 수 없는 관계입니다.

이렇게 하나님의 영광과 기름 부으심은 서로 떼어서 생각할 수 없습니다. 그것은 주님의 나타나심이 없이 주님의 능력이 나타날 수가 없기 때문입니다. 기름부음이 하나님 능력의 나타나심이라고 한다면 하나님의 영광은 하나님의 인격의 나타나심입니다. 성경에서는 성령이 우리에게 임하실 때에(하나님의 영광) 우리는 하나님의 능력을 받게 될 것입니다(하나님의 기름 부으심)(행 1:8).

"믿는 자들에게는 이런 표적이 따르리니"(막 16:17)라는 말씀도 결국 주님의 현존을 만난 사람에게는 이런 표적(능력)이 따르게 된다는 뜻입니다. 하나님의 영광도 하나님의 기름부음도 모두 하나님에게 속한 것이며 하늘의 것입니다. 이것은 서로 떼어서 생각할 수 없는 것이, 능력이나 속성이나 다 하나님의 존재를 나타내는 것이기 때문입니다.

다시 한 번 더 하나님의 영광과 기름부음의 관계를 고린도전서 13장에서 찾아보려고 합니다. 이것은 은사와 사랑의 관계를 통해서 배울 수도 있고 성령의 열매와 성령의 은사의 관계를 통해서도 배울 수가 있습니다. 이 둘의 관계는 서로 뗄 수 없는 것으로 함께 성장하고 함께 개발하고 발전해야 하는 것입니다. 다른 말로 한다면 인격과 능력이 함께 개발되고 발전되어야 한다는 뜻입니다.

사도 바울은 고린도전서 13장의 말씀처럼 사랑과 은사가 함께 성장하며 개발되어야 함을 강조하였습니다. 사실 사랑이라는 것은 있지만 은사를 어떻게 사용하는지 모르는 사람들이 많습니다. 이런 사람은 장작은 있는데 불이 없는 것과도 같습니다. 어떤 사람은 은사는 가지고 있지만 사랑이 없습니다. 이러한 경우는 마치 불은 있는데 장작이 없는 것과도 같습니다. 하지만 이 두 가지를 함께 성장하고 발전시키려고 한다면 우리는 많은 영역에서 그것이 가능한 것을 깨닫게 될 것입니다.

하나님에게 있어서 영광이 드러날 때 능력이 따라오는 것이 정당한 순서입니다. 하나님이 계신 곳에, 그분의 인격이 드러나는 곳에 능력이 따라왔습니다. 그러므로 인격이 없이 능력이 먼저 오기를 기다리는 것은 잘못된 순서라고 볼 수가 있습니다.

어떤 사람들은 능력만이 최고라고 생각하여 능력, 능력, 능력자만을 따라다니면서 자신의 인격적인 성장에 대하여는 관심이 없는 분들도 많이 있습니다. 인격이 뒷받침되지 않으면 능력목회도 계속해 나갈 수가 없습니다. 그분들도 능력만으로 되는 것이 아니고 사랑이 있어야 함을 결국에 느끼게 됩니다. 그래서 사랑과 능력, 인격과 능력은 함께 병행해야 하고 함께 성장해 나가야 합니다. 서로 보완하고 세워줄 때에 온전한 능력사역을 할 수가 있습니다.

사실은 능력보다는 어떤 인격적 존재인가가 중요합니다. 능력은 거룩한 존재의 인격으로부터 나와야 합니다. 다시 말하면 기름부음은 주님의 영광으로부터 나오게 되어 있습니다. 이 순서가 바뀐다면 문제가 생길 것입니다. 성령의 열매 없이 성령의 은사를 먼저 추구한다면 영광 없이 기름부음만을 구하는 것과 같을 것입니다.

하나님의 영광은 하나님의 현존의 나타나심이라고 말씀을 드렸습니다. 하나님이 그곳에 계실 때에 영광은 더 드러나게 되어 있습니다. 하나님의 영광의 나타나심이 더 증가하기 위하여 우리는 그분의 인격에 더 깊은 관심을 가지고 교제로 들어가야 할 것입니다. 더 많은 시간, 더 깊은 그의 현존 앞에 서야 하는 것입니다. 그럴 때에 그분의 영광이 더 드러나게 되어 있습니다.

사도 요한은 밧모 섬에서 주님을 만나게 됩니다. 그 주님은 예전에 교제를 나누던 그 주님이 아니라 이 세상을 심판하시고 다스릴 재림 왕으로 오실, 그런 놀라우신 영광으로 오신 주님이셨습니다. 십자가에 매달려서 비참하게 인생을 마치신 주님이 아니라 모든 인생과 우주를 다스릴 왕으로서의 주님이 사도 요한 앞에 나타나셨던 것입니다. 그렇게 되자 사도 요한은 그 앞에서 죽은 자와 같이 쓰러지게 되었습니다. 그리고 주님은 앞으로 되어질 것에 대하여 말씀을 주셨고 요한은 그 말씀을 기록하였습니다.

주님은 우리가 함께 모일 때에 나타나실 것을 약속해주셨습니다(마 18:20, 요 14:23, 17:20-23). 그분의 영광이, 현존이 우리들 가운데 임하신다고 약속하셨습니다. '너희들 가운데' 있겠다고 약속을 하셨습니다. 그때에 100% 주님만을 바라보게 될 때 주님의 영광은 더 크게 드러나게 될 것입니다. 주님은 당신의 교회, 곧 신부에게 나타나 주시는 것을 즐거워하십니다.

주님의 영광은 이렇게 실제로 그분의 나타나심에 있습니다. 그렇다면 주님이 항상 요한에게 나타났던 것처럼, 모세에게 나타났던 것처럼, 그러한 영광으로 우리 앞에 나타나시는 것은 아닙니다. 주님은 영광스러운 모습으로 직접 나타나시는 경우도 있지만, 기록된 말씀으로 우리 앞에 서시기도 합니다. 그러므로 주님의 영광의 나타나심이 증가하기 위하여 그분과 대면하고 또 대면해야 하는데 우리는 말씀 가운데 그분을 만날 수가 있습니다. 기록된 말씀 앞에 매일 서는 것, 이것이 그분의 영광 앞에 서는 것입니다.

기름부음이
나를 가르치다

"너희는 주께 받은 바 기름부음이 너희 안에 거하나니 아무도 너희를 가르칠 필요가 없고 오직 그의 기름부음이 모든 것을 너희에게 가르치며 또 참되고 거짓이 없으니 너희를 가르치신 그대로 주 안에 거하라"(요일 2:27).

기름부음이 증가할수록 하나님은 저에게 더 많은 하늘의 계시를 열어주셨습니다. 그리고 학문적으로 배운 것이 아닌 계시적인 지혜와 지식을 열어주셨습니다. 다른 사람들과 똑같이 성경을 읽어도 하나님은 기름부음으로 인하여 더 깊은 뜻을 알도록 인도하여 주셨습니다. 그래서 계속 계시적인 책을 쓰게 되었고 주님의 방문 시리즈 4권 이외에도 하나님은 지속적으로 하늘에 속한 글들을 쓰게 하셨습니다.

물론 기름부음이 임한 후에 저에게 달라진 것은 치유와 축사사역이었습니다. 말씀과 예언사역도 풍성해졌습니다. 하나님은 저에게 특별한 은사들을 더하여 주셨고, 제가 구하지 않았던 것도 자연스럽게 전이가 되도록 해 주셨습니다.

안드레 잭슨 목사님과 사역을 하기도 하고, 지방에 내려가면 통역도 하면서 그분이 가지고 있었던 체휼적 분별(Sympathetic discernment)과 축사(Deliverance)가 저에게 전이되었습니다. 예수님도 미가엘 천사들을 보내주시겠다고 약속을 하셨고, 저의 집회 때 말씀이 끝나고 나서 기도회를 인도하면 원수들이 줄줄이 쫓겨나가는 모습을 일상처럼 보게 되었습니다. 안드레 목사님과 함께 한 집회에서 섬김이를 하던 목사님들은 한결같이 뜨거운 불을 받았고, 이러한 은사를 임파테이션(Impartation, 전이) 받았습니다. 원해서도 아니고 구한 것도 아니지만 자연스럽게 같은 은사 공동체의 지체가 되었습니다.

제리 레오나드(Jerry Leonard) 부부를 통하여 저는 창조적 치유의 은사를 전이(Impartation) 받았습니다. 그 댁에 도착하였을 때, 문을 열어 우리를 환영하는 때부터 강한 기름부음이 넘쳐흘러 들어왔습니다. 그분은 자신들의 기름부음의 비결은 부부가 항상 말씀을 같이 읽고 같이 성만찬을 하고 같이 기도하는 데 있다고 말씀해주셨습니다. 서로의 어깨에 손을 얹고 기름부음이 낭비되지 않도록 보호하는 기도도 하였습니다. 날마다 성만찬을 하며 신선한 기름부음을 받는다는 제리 부부는 저에게 기름부음에 대한 이론적인 것도 도움을 주셨고, 저의 손을 잡고 이렇게 기도하였습니다. 저에게 참으로 큰 기름부음이 임했다고 하면서 "하나님께서 세계적으로 이 기름부음이 흘러가게 할 것이며, 기름부음이 더 깊어지게 될 것이다. 창조적 치유가 일어나게 될 것이다." 라고 기도해주었습니다.

그리고 저는 며칠 후에 멕시코에 가서 집회를 했는데, 리찌 선생도 제가 멕시코에 가서 창조적 치유가 일어나는 환상을 보았다고 하면서 놀라운 일들이 일어날 것이라고 했습니다.

그 이후 자연스럽게 창조적 치유사역을 하게 되었습니다. 이렇게 치유사역과 축사사역을 하게 된 것도 물론 기름부음의 열매였습니다. 하지만 더욱 놀라운 것은 성경을 읽을 때마다 기름부음이 저를 가르친다는 사실이었습니다. 제가 어떤 문제에 대하여 궁금하여 무릎을 꿇고 여쭈어보면 하나님은 깊고 깊은 우물을 파듯, 저에게 하늘의 계시를 더하여 주셨습니다.

"대답하여 이르시되 천국의 비밀을 아는 것이 너희에게는 허락되었으나 그들에게는 아니되었나니 무릇 있는 자는 받아 넉넉하게 되되 없는 자는 그 있는 것도 빼앗기리라"(마 13:11,12).

기름부음이 풀어지면 풀어질수록 성경의 깊이가 더욱 열리게 되고, 하나님과의 친밀한 교제가 시작되었습니다. 하나님은 저에게 "너는 나의 신부다."라고 말씀하시면서 언제나 따뜻한 사랑을 주셨습니다. 저도 주님이 저의 집에 방문하시면 심장이 반응하여 빠르게 뛰는 것을 깨달았습니다.

자! 이제 제가 왜 이런 기름부음 사역에 들어갔는가가 아주 간단하게 여러분들에게 소개가 된 것 같습니다. 이 책의 핵심은 이러한 기름부음을 왜 부어주시는가에 대한 하나님의 응답을 기록하는 것입니다. 저는 기름부음으로 인하여 가르침을 받는 가운데 가장 마음에 와 닿은 부분이 있었는데 창세기에 나오는 생명나무와 선악을 알게 하는 나무의 열매에 대한 것이었습니다. 저는 생명나무가 있는 것은 당연하게 생각되었지만 선악을 알게 하는 나무에 대하여는 궁금한 것이 많았습니다.

왜 한 나무에 선(善)과 악(惡)이라는 두 가지 열매가 맺힌 것일까? 왜 선악을 알게 하는 나무의 열매를 먹지 말라고 하셨을까? 왜 그것을 먹으면 정녕 죽는 것일까? 왜 죽을 수밖에 없는 나무를 동산 중앙에 세워두신 것일까? 왜 이런 기름부음 사역을 사람들은 이해하지 못하고 또 어떤 이들은 대적까지 하는 것일까?

이런 질문들에 대하여 하나님은 하나 둘씩 열어주셨습니다. 하나님이 하나님이 되시기 위하여, 하나님의 나라가 이 땅에 이루어져 그리스도께서 친히 다스리기를 원하시기 때문이라는 것이 기름부음을 주시는 가장 중요한 목적이라는 것을 알려주셨습니다. 하나님이 하나님이 되시기 위하여 주시는 생명의 기름부음이 있는가 하면, 하나님이 하나님이 되시는 것을 막기 위하여 그 옆에 세워둔 모조품 기름부음, 곧 짝퉁 기름부음도 있다는 것을 알게 되었습니다. 그렇게 세워둔 선악과 때문에 사람들은 다른 기름부음을 받으면서도 자신이 정말 영성이 있는 것처럼 착각하고 있습니다. 기름부음 사역을 생명 내어놓고 반대하는 사람들은 이렇게 하나님이 하나님이 되시는 사역에 대하여, 하나님 나라가 이 땅에 임하는 것에 대하여 대적하는 사탄의 사수를 받고 있는 사람들인 것입니다.

기름부음에 대하여 이상하다 할 정도로 대적하시는 분들이 있습니다. 기존의 전통적인 교회의 지도자들, 혹은 장로님들은 도시락을 싸 갖고 다니시면서 이 사역을 반대하고 무너뜨리려고 하는 분들도 있습니다. 이러한 현상에 대해서도 선악과를 이해하고 난 뒤에 그 이유를 알게 되었습니다. 선악의 기름부음을 받은 분들, 즉 도덕적 기름부음을 받은 분들, 영적으로 죽은 분들한테는 이러한 사역이 너무 괴로운 것입니다. 이 사역으로 인하여 자기 존재가 드러나고, 자신이 죽어있음이 드러나는 것이 너무 싫은 것입니다. 그리고 자신이 앉아있는 자리에 대하여 심각할 정도로 위기의식을 느낍니다. 그 장로님들, 그 목회자들 본인이 그러는 것이 아니라 그들을 붙잡고 있는 영적 실체가 그것을 반대하고 있는 것입니다. 만일 자신의 정체가 드러나게 되면, 기존의 안정된 종교생활이 깨어지거나 아니면 자신이 변화된 생활을 해야 되기 때문입니다. 이것이 그들에게는 두려움입니다. 그 어둠의 실체는 자신이 붙잡고 있는 이 어리석은 자들을 놓아주고 싶지 않습니다. 이 어리석은 자들이 진리를 깨달아서 하나님을 바라보게 될 때에는 자신들이 더 이상 설 자리가 없어지기 때문입니다.

저는 2011년도에 가장 큰 공격을 받았습니다. 나중에 생각하고 보니 이 기름부음 사역을 초반부터 죽이려고 하는 사탄의 궤계였다는 것을 알았습니다. 저도 공격을 받았고, 저와 동역하던 분들도 심각하게 공격을 받았습니다. 그래서 저의 사역이 멈추는 것 같았습니다. 어떤 분은 저의 사역이 더 이상 계속되지 못하도록 모든 방법을 다 동원하겠다고 협박을 하신 분들도 있었습니다. 지금 생각해 보니 이 사역을 중단하기 위하여 목을 조르고 있었던 것이었습니다. 그러나 하나님은 이 사역이 더 일어나도록 인도해주셨습니다. 이 생명사역은 죽을 수가 없는 것입니다. 많은 핍박과 오해, 그리고 공격에도 불구하고 이 사역은 일어나서 빛을 발하게 되었습니다. 하나님이 하나님이 되시도록 부어주시는 생명의 기름부음 사역은 고공행진을 할 것입니다. 그것이 하나님이 원하시는 것이며, 그것이 하나님의 나라가 이 땅에 임하는 것입니다. 하나님은 기름부음 사역을 너무나 사랑하시고 기뻐하십니다. 그리고 헌신하는 기름부음 사역자들을 한결같이 사랑해주십니다. 그리고 하늘의 기름부음을 폭포수와 같이 부어주십니다. 만일 이 사역을 막지 않는다면, 더 많은 사람들이 하나님의 사람이 되어 예배와 경배를 드릴 것을 알고 사탄은 이 사역의 목을 계속 조르고 있는 것입니다.

그리고 저는 이 비밀을 아는 것이 성경을 이해하고, 현대 교회를 이해하고, 현대인의 삶을 이해하는 것임을 알게 해 주셨습니다. 만일 선악을 알게 하는 나무의 열매를 먹고 하나님께 불순종하게 되면 반드시 죽게 되고, 하나님이 우리의 하나님이 되실 수 없다는 중요한 진리를 깨달았습니다. 선악과를 따 먹는 것이 왜 죽음으로 인도하는지 알게 된 것입니다. 하나님을 바라보지 못하게 하고, 하나님의 음성을 듣지 못하게 하면 결국에 죽게 됩니다. 그러므로 선악과 자체가 우리를 죽음으로 이끌어가는 것이 아니라 선악과가 하나님을 바라보는 것을 막기 때문에 죽음으로 몰아가는 것임도 깨달았습니다. 제대로 바라보지 않으면 생명공급이 막히고 결국에는 죽게 됩니다. 선악을 알게 하는 나무의 실과가 사람을 죽이는 것이 아니라, 생명나무를 바라보지 않고, 먹지 않기 때문에 죽는 것입니다.

그리고 이러한 선악을 알게 하는 나무의 열매로 인하여 저는 기름부음이 두 뿌리에서 나오고 있다는 것도 알게 되었습니다. 그것은 저에게 놀라운 도전이 되었습니다. 이것을 가끔 부흥회에서 말씀으로 선포했습니다. 그러다가 청소년 집회를 위하여 기도하던 중, 하나님은 놀라운 비밀을 저에게 계시하여 주셨습니다.

그래서 다시 책을 쓰게 된 것입니다. 이 비밀을 알려서 어서 빨리 뿌리를 바꾸어 하나님의 나라가 임하지 않는 한, 한국 교회도 소망이 없고, 청년목회도 소망이 없고, 개개인도 소망이 없다는 것을 알았기 때문입니다. 이 마지막 시대에 어서 빨리 이 메시지를 전하여 죽음으로부터 사람들을 구원하는 것이 저의 사명이라는 것을 알게 되었습니다. 기름부음을 이해시키고, 이 기름부음이 두 가지 다른 뿌리로부터 나온다는 것을 이해하고 하나님이 주시는 창조적 기름부음으로 들어오도록 뿌리를 바꾸는 일이 너무 긴급한 일이라는 것을 깨닫게 해 주셨습니다.

성경에는 먼저 그의 나라와 그의 의를 구하라(마 6:33)고 말씀하셨습니다. 이것이 성경 전체의 주제입니다. 그의 나라와 그의 의를 구할 수(찾을 수=seek) 있도록 생명나무의 열매를 먹도록 허락하신 것입니다. 그런데 그 옆에 선악과가 더욱 먹음직하고 보암직하고 지혜롭게 할 만큼 탐스러운 나머지, 하나님이 먹도록 허락하신 생명과일은 바라보지 않고 선악과만 바라보게 된 것입니다. 선악과를 바라보는 한, 살 수가 없습니다. 왜냐하면 생명은 하나님으로부터 오기 때문입니다. 하나님의 말씀 이외의 것이 더 맛있어 보이고, 탐스럽게 보이기 시작하는 한, 그들의 눈길은 생명나무로부터 멀어지게 됩니다. 그러므로 결국에는 죽는 것입니다. 더 이상 생명을 공급받지 못하기 때문에 반드시 죽게 됩니다.

살아계신 하나님, 에벤에셀 하나님, 저에게 이것을 알리는 사명을 주셔서 감사드립니다. 담대하게 이 진리를 선포하게 하시고, 에스겔의 마른 뼈가 살아나듯이 한국 교회와 세계에 흩어져 있는 모든 교회들이 생기를 받고 일어나게 하여 주옵소서!

기름 붓듯(pour out) 한다는 말의 의미는?

"하나님이 나사렛 예수에게 성령과 능력을 기름 붓듯 하셨으매 그가 두루 다니시며 선한 일을 행하시고 마귀에게 눌린 모든 사람을 고치셨으니 이는 하나님이 함께 하셨음이라"(행 10:38).

"You know about Jesus of Nazareth and how God poured out on him the Holy Spirit and Power. He went everywhere, doing good and healing all who were under the power of the Devil, for God was with him"(Acts 10:38, GNT).

저는 날이 갈수록 기름부음 사역이 얼마나 중요한가를 깨닫게 되었습니다. 예전에도 여전히 집회를 인도할 때마다 입에서는 "주님, 이번 집회에 기름부어 주세요."라는 기도는 하고 있었지만 정작 그 기름부음이 무엇을 의미하는지는 잘 몰랐습니다. 이것은 주님이 함께 해 주시기를 바라는 내용일 수도 있고 주님의 특별한 은총이 부어지기를 기도하는 내용이었을 것이라고 생각합니다. 아니면 성령님께서 특별한 동행하심과 능력으로 함께 해 달라는 정도였던 것 같습니다.

안드레 잭슨 목사님을 만나고 난 후 그분이 기도할 때마다 손에 기름을 바르고 기도한다는 것을 알게 되었습니다. 저는 그 이유를 물었습니다. 그러자 마치 이것은 성만찬을 하면서 떡과 포도주가 주님을 상징하는 것처럼, 이 기름이 주님을 상징하며 치유의 기름이 된다고 설명하였습니다. 또한 기름을 바를 때 더 깊은 기도에 들어가게 되며 놀라운 역사들이 일어난다고 하였습니다. 그리고 안드레 잭슨 목사님은 기름부음을 통하여 우리의 멍에(yoke)가 부숴지고 사탄의 요새가 무너진다고 하셨습니다. 그리고 말씀의 능력이 필요할 때, 입술에도 기름을 바르셨습니다. 어느 때는 머리에도 바르셨습니다.

계속되는 집회를 통해 진정한 기름부음이 어떠한 것인지 알게 되었으며 강력한 기름부음 아래에 쓰러지게 되고 치유와 축사가 일어나며 놀라운 하나님의 능력이 드러나게 되었을 때에, 상징적으로 우리가 손과 이마에 바르는 기름부음의 의미까지도 이해하게 되었습니다. 또한 제리 레오나드 선생님과의 만남을 통해 기름부음에 대한 더욱 깊은 통찰력을 가지게 되었습니다. 그분들은 깊이 기도하면서 기름부음에 대한 이해를 가지고 실제 목회와 사역을 하시는 분들이었습니다.

기름부음을 이해하고 우리 삶과 목회에 적용해야 하는 이유는 예수님의 목회나 성경인물들의 목회가 모두 기름부음으로부터 시작되었다는 사실에 있습니다. 그들의 능력목회의 비밀(secrets)이 바로 기름부음에 있었습니다. 엘리야나 엘리사의 능력목회가 다 기름부음으로부터 시작되어 기름부음으로 끝났으며 엘리사는 죽어서도 기름부음의 목회를 계속하였습니다. 엘리사의 뼈에 닿았던 시체가 살아나면서 그는 죽어서도 기름부음의 목회를 계속하였던 것입니다.

> "엘리사가 죽으니 그를 장사하였고 해가 바뀌매 모압 도적 떼들이 그 땅에 온지라 마침 사람을 장사하는 자들이 그 도적 떼를 보고 그의 시체를 엘리사의 묘실에 들이 던지매 시체가 엘리사의 뼈에 닿자 곧 회생하여 일어섰더라"(왕하 13:20,21).

이렇게 기름부음의 실례는 성경 안에 풍성하게 있습니다. 성경에는 기름부음을 받은 자들, 기름부음을 받지 못한 자들의 이야기들이 가득 채워져 있습니다. 저는 이러한 기름부음을 받고 변화된 사람들도 성경에 있지만 다른 기름부음을 받고 실패한 사람들도 성경에 있음을 알게 되었습니다. 오랫동안의 기름부음 집회를 통하여 저는 뿌리가 다른 두 가지 기름부음을 발견하게 되었습니다. 생명의 기름부음과 선악의 기름부음입니다. 이 두 가지가 성경 전체에 흐르고 있음을 알게 되었습니다.

여러분들이 이 책을 계속 읽어 내려가기 위해서는 기름부음이라는 단어를 확실히 이해할 필요가 있습니다. 아마 여러분들이 선악을 알게 하는 기름부음을 읽게 될 때, 그리고 사탄이 주는 기름부음이 있다는 것을 듣게 되면, "어떻게 사탄이 기름부음을 주어? 기름부음은 하나님만이 주시는 것이 아닌가? 하나님만이 주실 수 있는 것이 기름부음 아닌가? 어디 성경에 사탄이 기름부음을 준다는 말이 있어."라고 의아하게 생각하고 조금은 부담스러워질 것입니다. 그래서 기름부음이라는 단어를 설명해야 할 필요가 있습니다.

사도행전 10장에 보게 되면 예수 그리스도께서 사역을 나가실 때에 하나님께서 성령과 능력을 기름 붓듯(pour out) 하셨다는 말씀이 나옵니다. 우리는 기름 부으심이 하나님으로부터만 온다고 생각합니다. 하지만 기름부음이라는 것은 그 내용보다 그 부어지는 형식을 표현하는 말입니다. 제사장이나 왕이나 선지자들이 세워질 때에 기름을 부어서 구별하고 성별하였습니다. 그러나 그 기름의 내용은 자세하게 나와 있지 않습니다. 올리브유일 수도 있지만 관유일 수도 있습니다. 만일 이것이 관유라고 한다면 몇 개를 섞어서 만든 기름일 것입니다. 붓는 형식은 같지만 내용은 다를 수 있습니다.

'기름 붓듯' 이라는 말은 강력하게 마치 샤워를 하듯, 위에서 부어지는 형식을 의미합니다. 영어로 말하면 'pour out' 이라는 말입니다. 말 그대로 번역하면 '부어준다' 라는 뜻입니다. 구약에서 제사장들에게 위에서부터 기름을 부어주면서 한 바가지씩 부었다고 가정할 때, 그 기름이 이마에 흘러내려 수염을 거쳐 발바닥까지 기름이 철철 흐르도록 부었을 것입니다. 그것이 '기름 붓듯' 이라는 형태인 것입니다. 그때 기름 부어준 것처럼 하늘에서 무엇인가가 부어진다는 뜻입니다.

만일 기쁨이 기름 붓듯 부어졌다면 기쁨의 기름부음일 것입니다. 능력이 기름 붓듯 부어졌다면 그것은 능력의 기름부음입니다. 그래서 생명의 기름부음, 치유의 기름부음, 찬양의 기름부음 등 여러 가지로 표현할 수 있습니다. 하나님께서 주신 것, 위로부터 내려온 것, 이 모두를 기름부음이라고 합니다. 그러나 모든 기름부음에 있어서 형식은 같지만 내용은 다르다고 이미 말씀을 드렸습니다.

사탄은 언제나 모조품의 귀재, 짝퉁의 귀재입니다. 지식의 말씀의 은사 옆에 투시를 두어서 많은 사람들이 투시의 은사라고 말합니다. 사실 사탄에게 은사라는 말을 쓰기에는 적합하지 않아도 통상 투시의 은사라는 말을 씁니다. 이 투시의 은사는 지식의 말씀의 은사의 모조품입니다. 성경에 투시의 은사라는 말은 없습니다. 사탄은 이렇게 하나님의 진리 옆에 모조품을 가져다 놓습니다. 지식의 말씀의 은사 옆에 투시를 세워두고, 예언의 은사 옆에 점치는 일을 세워둡니다. 그렇게 될 때, 그리스도인들까지도 혼돈하고 점치는 것도 하나님으로부터 온 것이라고 생각하여, 모조품 예언을 받으면서 멸망에 이르게 됩니다.

기름부음은 하나님으로부터 옵니다. 그런데 공중권세 잡은 사탄도 이렇게 사람들에게 붓는 사역을 하고 있습니다. 이것도 내용은 다르지만 위에서부터 부어주는 것입니다. "하나님이 임재하십니다."라고 우리가 표현하는 것을 그들은 '신이 내린다' 라고 말합니다. 무당들이 '신이 내린다' 라고 말하는데 그때에 말하는 신(神)은 우리가 믿는 여호와 하나님은 아닙니다. 우리가 말하는 신은 여호와 하나님이시고, 그들이 말하는 신은 사탄인 것입니다. 하지만 내리는 형식은 다 같습니다. 사탄은 자신을 추종하는 자들에게 엄청나게 부어줍니다. 사악함, 죽음, 저주, 슬픔, 중독, 멸망, 질병, 가난에 이르게 하는 모든 선물을 부어줍니다. 사탄은 사탄이 가지고 있는 것을 부어주고, 하나님은 하나님의 것을 부어줍니다. 부어주는 내용은 다르지만 그 부어주는 형식(pour out)은 같습니다. 그 부어주는 형식이 기름부음인 것입니다. 부어주는 것이 악한 것이면 악한 기름부음이고, 선한 것이면 선한 기름부음이고, 지혜가 부어진다면 지혜의 기름부음입니다. 실제로 기름부음이란 부어지는 것의 내용을 의미하는 것이 아니라 부어지는 형식을 의미합니다.

그래서 무당들도 학습무당이 있고 신(神) 내린 무당이 있습니다. 학습무당은 그렇게 능력이 드러나지 않지만 신(神) 내린 무당은 능력이 드러납니다. 목회자들도 하나님이 임재하여 거룩한 능력이 드러나는 사람들이 있지만, 단지 신학교에서 배운 것 그대로 종교적으로, 형식적으로 목회를 할 때에는 그렇게 능력이 드러나지 않는 것과도 같습니다.

우리가 선악을 알게 하는 나무로부터 오는 것을 기름부음이라고 명명할 때, 이러한 뜻으로 이해하면 좋을 것 같습니다. 모조품 기름부음, 가짜 기름부음, 짝퉁 기름부음이지만 그것도 기름부음의 형태를 취하고 있다는 것을 기억하면서 이 글을 읽어 내려가면 이해가 되실 것입니다. 하나님께서는 선악을 알게 하는 나무의 실과를 통해서 그런 기름부음을 부으시겠다고 세워놓으신 것은 아닐 테지만 사탄은 인간의 불순종을 통하여 선악과를 그렇게 인간이 실족하는 기름부음 안으로 들어오도록 오용하고 있습니다.

정말 악한 일을 하기 위해서도 위로부터 무엇인가를 받아야만 합니다. 악한 일을 위하여 악한 기름부음이 부어진다면 그것은 공중 권세 잡은 사탄으로부터 내려오는 것입니다. 그것도 기름부음 형태로 내린다는 것을 이해하면서 이 책을 읽어주셨으면 합니다. 더 자세하게 나중에 설명이 될 것입니다.

이것을 좀 더 깊이 이해하기 위해 영성이라는 말을 설명해드리고 싶습니다. 우리는 영성이라는 말을 사용하면서 이 말이 기독교에서만 사용하는 말이라고 생각합니다. 그런데 이 영성이라는 말은 도교에서도, 스토아 철학에서도, 불교에도 적용이 되는 말입니다. 영성이라는 말은 풀어서 말한다면 영적으로 살아가는 능력이나 힘입니다. 마치 사회성이 서로 더불어 살아가는 능력인 것과도 같습니다.

부처를 따라가며 부처의 삶이 자신의 삶에서 현현된다면 그것은 부처 영성입니다. 공자를 따라가면 공자 영성입니다. 영성은 여러 가지 의미로, 여러 종교에서 사용할 수 있습니다. 공자의 말씀을 배우고, 그 말씀대로 살고, 그 삶에서 공자가 나타난다면 그것은 공자 영성입니다.

인간은 누구나 영성을 가지고 있는데 그 이유는 모두가 영적 존재이기 때문입니다. 인간은 영, 혼, 몸으로 이루어져 있고, 종교가 없는 사람도 영을 가지고 있습니다. 그래서 영적으로 살아가는 것입니다. 이 영성이라는 말이 기독교의 점유단어가 아닌 것처럼 기름부음 역시 기독교만의 점유단어가 아닙니다. 그러므로 기름부음을 부어지는 형식으로 이해한다면 앞으로 제가 다루는 선악의 기름부음이라는 말도 이해가 쉬워질 것입니다.

내적인 기름부음과
외적인 기름부음

기름부음 사역을 하면서 가장 많이 듣는 질문은 성령 충만과 기름부음의 차이에 대한 것입니다. 성령 충만과 기름부음이 같은 것인지 아니면 서로 다른 것을 의미하는지 물어오는 사람들이 많이 있습니다. 저 자신도 한동안 이 두 가지의 구별이 참으로 어려웠습니다. 하지만 사역을 하는 가운데 이러한 부분이 차츰 구별이 되기 시작했습니다. 그리고 저는 간단하게 성령 충만을 내적인 기름부음, 우리가 보통 말하고 있는 기름부음을 외적인 기름부음이라고 구별하게 되었습니다.

성령 충만함이란 우리의 몸 안에 성령으로 가득 채웠다는 말이라기보다는 성령님과의 관계가 풍성해진 것을 의미한다고 봅니다. 성령님이 인격적인 존재이기 때문에 그분을 우리가 가진다든지 소유하는 것을 불가능합니다. 우리가 가질 수 있는 것은 그분으로부터 나오는 선물에 불과합니다. 즉 성령의 은사, 성령의 능력, 성령의 열매 등일 것입니다. 저는 성령 충만함이란 내적으로 성령으로 충만하여, 성령님과의 깊은 인격적인 관계를 가지게 되는 것이라고 봅니다. 즉 성령 충만함은 우리를 내적으로 충만하게 하고, 내적으로 성화에 이르러 귀한 열매들을 맺게 한다고 봅니다.

기름부음은 위로부터 부어주는 사건입니다. 그래서 저는 이 기름부음을 외적인 기름부음이라고 부르고 싶습니다. 성령이 머무시는 세 위치를 생각해 보면서 내적인 기름부음과 외적인 기름부음을 이해해 보려고 합니다. 성령께서 우리에게 오셔서 머무시는 위치를 가리키는 단어가 세 가지가 있습니다. 그것은 '안에'를 가리키는 '엔'과, '곁에'를 가리키는 '파라'와 '위에' 혹은 '위로부터'를 가리키는 '에피'가 있습니다.

안에(엔)

"만일 너희 속에 하나님의 영이 거하시면 너희가 육신에 있지 아니하고 영에 있나니 누구든지 그리스도의 영이 없으면 그리스도의 사람이 아니라 또 그리스도께서 너희 안에 계시면 몸은 죄로 말미암아 죽은 것이나 영은 의로 말미암아 살아 있는 것이니라"(롬 8:9,10).

'속에' '안에'를 가리키는 헬라어 전치사가 있는데 그것이 '엔'입니다. 사도 바울이 가장 많이 쓰는 전치사가 아마 '엔'이라는 것일 것입니다. 이것은 내 안에 거하시는 성령을 의미합니다. 우리가 그리스도를 믿고 고백하였을 때 성령께서 내 안에 내주하시기 시작합니다. 성령이 내 안에 계시면 죄의 문제를 해결해주고 인격을 변화시켜 거룩한 삶을 살게 하며 성결한 존재가 되게 하며 성령의 열매를 맺게 해 주십니다. 그리고 신의 성품을 가지도록 하십니다.

내 안에 계시는 성령은 우리의 생각과 인격과 존재를 변화시키고 성장시킵니다. 이것이 바로 성화입니다. 결국에는 그리스도의 인격을 닮게 하고 그리스도의 형상을 회복하게 합니다. 성령의 열매(사랑, 희락, 화평, 오래 참음, 자비, 양선, 충성, 온유, 절제)를 맺게 합니다. 이것은 인격의 열매, 존재의 열매입니다.

곁에 혹은 함께(파라)

"보혜사 곧 아버지께서 내 이름으로 보내실 성령 그가 너희에게 모든 것을 가르치고, 내가 너희에게 말한 모든 것을 생각나게 하리라"(요 14:26).

'곁에' '함께'를 가리키는 헬라어 전치사가 있는데 그것이 '파라'입니다. 요한복음 14장 16절에 "내가 아버지께 구하겠으니 그가 또 다른 보혜사를 너희에게 주사 영원토록 너희와 함께 있게 하리니"의 말씀에 나오는 보혜사는 파라클레이토스를 의미합니다. 여기에 파라클레이토스는 '곁에'(파라)와 '부른다'(칼레로)의 합성어입니다. 우리를 도와주시기 위해서 우리 곁으로 오신(부르신) 분이라는 뜻입니다.

성령이 우리 곁에 오셔서 함께 하실 때 어떤 일이 일어나겠습니까? 죄에 대하여, 의에 대하여, 심판에 대하여(요 16:8) 깨닫게 하시고 또한 주님이 가르치신 것을 생각나게 하며 우리를 위하여 마땅히 빌 것을 빌어주실 것입니다. 결국에 성령은 우리 곁에서 함께 영원히 도우시기 위하여 동행하시는 분이십니다. 그래서 성경에는 "너희를 고아와 같이 두지 않고" 주님께서 돌아오시겠다고 하셨습니다. 우리를 외롭게 두시지 않고 곁에, 함께 동행하여 걸어가시는 분이 성령님이십니다.

위에 혹은 위로부터(에피)

"백성이 다 세례를 받을 새 예수도 세례를 받으시고 기도하실 때에 하늘이 열리며 성령이 비둘기 같은 형체로 그의 위에 강림하시더니 하늘로부터 소리가 나기를 너는 내 사랑하는 아들이라 내가 너를 기뻐하노라"(눅 3:21,22).

'위에' 혹은 '위로부터'를 가리키는 헬라어 전치사가 있는데 그것이 '에피' 입니다. 성령이 우리 위에 임하여 계시는 것은 위로부터 부어주시는 성령의 사역을 가리킵니다. 위로부터 때로는 불 같이, 때로는 바람 같이, 때로는 비둘기 같이 임합니다. 성령의 '에피' 사역은 위로부터 임하여 밖으로 나타나는 권능의 사역입니다. 이는 모든 이성적인 것들, 장애물들, 멍에들, 묶임 들을 파쇄하는 능력입니다. 세상에서, 사탄에 대하여 승리하는 사역입니다. 우리 위에 'come upon' 하는 사역입니다.

예수님도 마지막에 사도들에게 부탁할 때에 "오직 성령이 너희에게 임하시면 너희가 권능을 받고"(행 1:8)라고 말씀하셨는데 이것이 바로 위로부터(에피) 오시는 성령의 역사입니다. 오순절에 불의 혀같이 갈라지는 성령의 역사가 120문도에게 내려서 모두가 능력을 입었습니다. 위로부터 오는 능력을 덧입게 되자 사도들은 순교자의 마음으로 달려 나갑니다. 대담하게 증인의 사역을 감당합니다. 이렇게 위로부터 오는 성령의 역사는 밖으로 능력이 드러나는 사건으로 열매를 맺습니다. 밖으로 흘러내리고, 밖으로 나타나고, 외적인 치유와 축사, 능력이 드러나는 사건으로 나타납니다. 이제 우리들에게 필요한 것도 바로 '에피'의 성령이십니다. 위로부터 오는 능력을 덧입지 않는 이 마지막 세대에 승리할 수가 없습니다.

저는 외적인 기름부음을 이렇게 위로부터 부어주시는 성령님의 사역과 동일한 것으로 봅니다. 대개 위로부터 이렇게 부어주는 기름부음은 사역을 나가기 전에 부어주는 강력한 능력의 기름부음입니다. 내적인 기름부음은 우리의 인격이 예수님을 닮아가도록 성화를 도와주고 내 안에, 나와 함께 거하시는 성령님의 충만하심으로 보았습니다. 그러므로 내적인 성령 충만과 외적인 기름부음이 함께 조화를 이루어야 합니다. 내적인 기름부음과 외적인 기름부음이 조화를 이룰 때에, 칭찬받는 성도가 될 것입니다.

생명과 자유의 **기름부음**

제2부
선악(善惡)을 알게 하는 나무

여호와 하나님이 그 사람에게 명하여 이르시되
동산 각종 나무의 열매는 네가 임의로 먹되 선악을 알게 하는
나무의 열매는 먹지 말라
네가 먹는 날에는 반드시 죽으리라 하시니라

(창 2:16,17)

생명(生命)에의 의지와
자유(自由)에의 의지

"여호와 하나님이 그 땅에서 보기에 아름답고 먹기에 좋은 나무가 나게 하시니 동산 가운데에는 생명나무와 선악을 알게 하는 나무도 있더라"(창 2:9).

다시 성경을 살펴보겠습니다. 동산 중앙에는 하나님께서 두 나무를 세워 두셨습니다. 하나는 생명나무이고, 다른 하나는 선악을 아는 나무가 서 있었습니다. 하나님은 말씀하시기를 선악을 알게 하는 나무의 실과는 먹지 못하도록 금하셨습니다.

"여호와 하나님이 그 사람에게 명하여 이르시되 동산 각종 나무의 열매는 네가 임의로 먹되 선악을 알게 하는 나무의 열매는 먹지 말라 네가 먹는 날에는 반드시 죽으리라 하시니라"(창 2:16,17).

다른 것들은 다 먹어도 되지만 선악을 알게 하는 나무의 열매는 먹지 말라고 금하신 것입니다. 더군다나 그것을 먹게 되면 죽게 된다고 하셨습니다. 저는 그 나무들이 어떤 모습이었을까를 상상해 보았습니다. 생명나무는 보기에도 그렇게 좋지는 않았을 것 같습니다. 흠모할 만한 것이 없는 모습이었을지도 모릅니다. 하지만 선악을 알게 하는 나무는 정말 멋있는 모습이었던 것 같아요.

"여자가 그 나무를 본즉 먹음직도 하고 보암직도 하고 지혜롭게 할 만큼 탐스럽기도 한 나무인지라 여자가 그 열매를 따먹고 자기와 함께 있는 남편에게도 주매 그도 먹은지라"(창 3:6).

요사이 물건을 잘 팔기 위해 광택을 내는 경우들이 많이 있습니다. 실제로 산지에서 사는 것들을 보면 모양들이 울퉁불퉁한 것들이 많은데, 시장에서 구입하는 열매들을 보게 되면 광택이 나고 겉껍질이 아주 고르게 되어 있습니다. 이미 누군가 손을 댄 것입니다. 아니면 약을 칠한 것입니다.

이렇게 선악을 알게 하는 나무의 실과는 보기 좋게 열려서 하와의 눈을 자극하고 있었습니다. 언제나 보기 좋은 것들, 특별히 유혹을 받을 만한 것들은 눈부터 자극하고, 매력을 느끼게 만듭니다. 더군다나 그것이 먹을 수 없도록 금지된 물건이라고 한다면 더욱 더 관심은 깊어지게 됩니다. 먹는 탐심만큼 인간에게 강렬한 것은 없습니다.

생명나무는 언제나 먹어도 됩니다. 언제나 열려있습니다. 이러한 나무에게는 별로 관심이 없습니다. 그것은 언제나 먹고 싶을 때 다가가서 먹을 수 있기 때문에 별로 매력이 없습니다. 그러나 선악을 알게 하는 나무의 실과는 먹지 못하도록 금지되어 있는 열매입니다. 그러한 열매는 아주 매혹적입니다. 금할수록 더 먹고 싶고 다가가고 싶도록 유혹하기 때문입니다. 이것이 인간의 본심인 것입니다. 아담과 하와는 계속 그 나무를 보기 시작한 후에, 드디어 따 먹게 됩니다. 그런데 그것을 부담 없이 따 먹을 수 있도록 사탄이 유혹합니다.

"뱀이 여자에게 이르되 너희가 결코 죽지 아니하리라 너희가 그것을 먹는 날에는 너희 눈이 밝아져 하나님과 같이 되어 선악을 알 줄 하나님이 아심이니라"(창 3:4,5).

뱀의 이러한 말은 하와가 열매를 따 먹을 수 있는 용기를 주었습니다. 죽지 않는다고 한다면 한 번 먹어봐도 좋지 않을까? 왜 하나님은 굳이 이것을 먹지 못하도록 금하였는지 그 이유도 궁금했습니다. 여자는 남편으로부터 들어서 그것이 하나님이 금지하신 열매라는 것을 알고 있었습니다. 그래서 한동안은 주저하며 열매만 바라보고 있었는데, 그러한 호기심에 불을 끼얹은 뱀은 하와가 용감하게 그 열매를 따 먹도록 유도합니다.

'눈이 밝아져 하나님과 같이 되기' 때문에 하나님이 먹지 말라고 말했다고 속입니다. 피조물의 겸손함을 벗어나서 창조주와 같이 되겠다고 하는 교만이 선악을 알게 하는 나무의 열매를 먹게 만듭니다.

우리 모두는 생명나무가 에덴동산 중앙에 서 있다는 것은 이해합니다. 에덴동산은 기쁨의 동산이고 생명이 넘치는 곳이기 때문입니다. 하나님은 생명나무를 세워두시고 이것을 먹고 생명을 주시기를 원하셨을 것입니다. 저는 생명나무가 궁극적으로 그리스도를 상징한다고 믿습니다.

그렇다면 왜 선악을 알게 하는 나무를 동산 중앙에 세워두셨는지 궁금하지 않은가요? 하나님은 인간에게 두 가지 의지를 주셨습니다. 그것은 생명에의 의지(will to live)와 자유에의 의지(free will)입니다. 사람들은 누구나 살고 싶은 의지가 있고, 자유를 향한 의지가 있습니다. 이것은 우리가 그렇게 하고자 해서 생긴 것이 아니라, 처음부터 하나님이 우리에게 생명과 자유를 주기 때문입니다. 코에 하나님의 호흡을 넣어주셨고, 그 호흡은 생기였습니다. 그리고 성령의 거룩한 바람의 역사였습니다. 하나님이 이렇게 생명에의 의지를 주셨기 때문에 우리는 살려고 애를 씁니다. 만일 하나님께서 살려는 의지를 주시지 않았다고 한다면 더 많은 사람들이 스스로 자살을 하고 생명을 끊었을 것입니다. 우리들은 가끔 "생명이 참 질기다."라는 말을 하기도 합니다. 생명이 질긴 이유는 우리 안에 생명에의 의지가 있기 때문입니다.

이와 마찬가지로 하나님은 우리에게 자유의지를 주셨습니다. 이 자유의지가 있기 때문에 인간은 자유를 잃을 때에 괴롭고 힘든 것을 느낍니다. 자유를 투쟁하기 때문에 자유인이 되는 것이 아니라, 본래 자유인으로 만들어졌기 때문에 자유를 갈망하는 것입니다. 하나님은 진정한 자유를 누리도록 자유의지를 주셨습니다. 자유를 잃어버리게 될 때, 자유를 잃어버렸다는 것을 깨닫게 하기 위하여 하나님은 자유의지를 주셨습니다. 자유를 빼앗기고는 인간이 행복하게 살 수 없도록 자유의지를 우리에게 허락해 주셨던 것입니다. 이 자유의지는 인간이 방종하며 살도록 주어진 것이 아닙니다. 자유하도록 주어진 것입니다. 마음대로 결정하는 것이 자유가 아닙니다.

바로 선악을 알게 하는 나무의 비밀이 여기에 있습니다. 왜 하필 죄를 범하도록 선악과를 동산 중앙에 세워두셨을까? 하고 의문을 제기하는 분들이 많이 있습니다. 하나님이 그 나무를 동산 중앙에 세워두시지 않고 먹지 못하도록 금하지 않았다면 인간이 죄를 지을 기회도 없고, 아직도 인류가 에덴동산에서 행복하게 살고 있었을 것이기 때문입니다.

그러나 선악을 알게 하는 나무는 자유를 위해 서 있는 것입니다. 죄를 지어서 타락할 기회를 주시기 위해 세워둔 것이 아니고 자유를 선택하여 진정한 자유인이 되도록 주신 것입니다. 하나님은 인간에게 자유의지를 주셨고, 자유의지를 사용할 수 있는 기회를 주신 것입니다. 자유의지는 우리가 어떤 한계 안에서 사용해야 함을 가르쳐주시고 계신 것입니다. 만일 이렇게 사용하는 기회를 주시지 않았다고 한다면 하나님은 인간을 자유롭게 만드신 것이 아니고,

꼭두각시처럼, 로봇처럼 만들었다고 보아야 할 것입니다.

선악을 알게 하는 나무 앞에서 사람들은 결단해야 합니다. 하나님의 말씀에 순종하고 자유를 누릴 것인지, 하나님의 말씀에 불순종하고 자유 없는 종노릇을 해야 할 것인지 선택해야 합니다. 그래서 진정한 자유를 누리는 것은 하나님의 법 안에서 순종할 때만이 가능하다는 것을 선악과를 통해서 배울 수 있습니다. 선악과가 그곳에 있다는 것은 하나님이 인간의 자유의지와 존엄성을 존중해주고 있다는 것을 의미합니다. 왜 하필 선악과를? 하고 질문하게 하기보다는 인간의 자유의지에 대하여 존중하고 능히 인간이 하나님이 원하시는 것을 선택할 수 있음을 믿어주시고 있음을 보여주는 사건입니다.

저는 선악과를 통하여 하나님이 인간을 더욱 성숙한 모습으로 살 것을 기대하셨다고 봅니다. 인간이 하나님의 말씀에 순종함으로 멋있게 자유의 사람이 되어 살 것을 기대하셨다고 봅니다. 하나님은 우리를 믿어주시고 기회를 주신 것입니다. 진정한 자유인이 되기 위하여 자유할 기회를 스스로 선택해야 합니다. 선택하는 것도 자유에 속합니다. 그것은 자유인만이 가지는 특권입니다. 자유할 권리를 사용하지 않고 그 사람이 자유인이 될 수가 없습니다. 최종 선택은 인간이 해야 합니다. 그것이 인간이 가지고 있는 자유의지입니다.

제가 미국에서 아이들을 낳고 그들을 키우면서 한 가지 마음에 원리를 세운 것이 있었습니다. 그것은 험난한 미국에서 아이들을 키우면서 철저하게 저의 아이들을 믿어주자고 결정한 것입니다. 미국에서 아이들을 키우면서 남자 아이들에게 있어서 두려운 것은 그들이 갱단에 포섭이 되거나 마약환자가 되는 것이었습니다. 그리고 여자 아이를 키우면서는 남자들과 사귀면서 아기를 임신하면 어떻게 하는가 걱정이 되었습니다. 윤리의식이 없는 아이들, 그래서 아이들이 피임하는 것을 막느라고 어떤 부모들은 우유에 피임약을 타서 주기도 하고, 고등학교 문 앞에서는 피임도구를 나누어주기도 하였습니다. 그러나 아이들의 마음에 순결의식이 없는데 그런 것을 나누어주는 것이 무엇이 의미가 있겠습니까?

저는 딸아이에게 말하였습니다. "선택은 너에게 달려 있다. 그런데 네가 선택을 잘하면 평생 네가 행복하다. 너를 위해서 잘 선택하여라. 그리고 무슨 일이 일어나면 두려워 말고 제일 먼저 엄마와 의논하여 달라. 나는 너를 믿는다. 우리 딸이 인생에 대하여 책임지는 결정을 잘 할 것이라고 믿는다. 너의 순간적인 결정이 너의 평생에 복이 되는 결정이 되기를 바란다."

미국에서 자녀들이 사춘기를 넘겨야 할 때, 부모들의 마음은 폭풍우 앞에 서 있는 것처럼 조마조마합니다. 마약에 손을 대는 아이들도 있고, 영원히 그 늪에서 빠져나오지 못하는 사람들도 있습니다. 휘트니 휴스턴도 그렇게 마약에 노예가 되어 아름답고 멋있는 인생을 포기해야 했습니다. 그녀가 만일 마약을 만나지 않았다면, 마약을 먹고 폭력을 쓰는 남편이 아니고, 아내를 사랑해주는 크리스천 남편을 만났다면 그녀는 지금도 그 아름다운 목소리로 팬들을 즐겁게 해주었을 것입니다.

저는 우리 아이들의 자유의지를 신뢰하였습니다. 어떤 것도 선택할 수 있지만, 후회하지 않고, 평생을 책임질 수 있는 선택을 하는 데 그 자유를 사용해주기를 원하였습니다. 그리고 그 신뢰의 깊이에는 저의 자녀들을 향한 사랑이 있었습니다. 저는 그들의 자유의지를 무시하고 싶지 않았습니다. 그들의 인생에 그들이 선택하여 나아가기를 원하였습니다. 그리고 실수를 하였다고 하여도, 그 실수를 인생의 값진 교훈으로 삼고 더 든든한 인생을 살아가기를 원하였습니다. 언제까지나 제가 그들의 선택에 개입할 수는 없는 것입니다. 언제든지 스스로 판단하고 결정할 수 있는 훈련은 시작되어야 하는 것입니다. 만일 그들이 스스로 위대한 것을 선택했을 때, 자존감이 세워지고, 자신의 인생의 가치가 더 드러날 수 있다고 믿었습니다. 적어도 그것은 아이들에 대한 저의 사랑이었습니다. 저는 선택할 자유를 그들에게 맡기고 어떤 것을 선택해야 그들이 행복할지에 대한 것만 말해주었습니다. 하나님의 말씀에 순종하는 것이 왜 가치 있는 일이고 평생 행복하고 후회가 없고 승리하는 길인지도 가르쳐주었습니다.

그러한 엄마의 마음을 아이들은 실망시키지 않았습니다. 그들이 유혹을 받지 않은 것도 아닙니다. 그러한 것을 실제 맛보지 않은 것도 아닙니다. 아마 부모 몰래 해본 것도 있을 것입니다. 그러나 그들이 그러한 것에 빠지지 않고 손을 금방 뗄 수 있었던 것은 그들을 믿어준 부모의 신뢰 때문이었을 것입니다. 저는 이렇게 자녀들을 키우면서 하나님이 왜 우리에게 선악을 알게 하는 나무 앞에 무방비 상태로 서게 하셨는가를 알게 되었습니다.

자유는 자유를 시험해 보지 않는 한, 진정한 자유가 될 수 없습니다. 수영을 잘 하는지는 수영대회에 나가보아야 하는 것입니다. 자신이 얼마나 피아노를 잘 치는지도 대회에 나가보아야 합니다. 내가 정말 자유인인지는 자유를 선택할 수 있을 때 알게 되는 것입니다. 자유인은 그러한 자유 앞에 자유롭게 결단하기 때문에 자유인입니다. 자유인은 자유를 선택하는 것부터 자유인이어야 합니다. 어떤 것을 선택하는 데 제한을 받는다면 그것은 이미 자유인이 아닌 것입니다. 선택의 자유, 이것은 진정한 자유인이 갖는 그들만의 특권인 것입니다.

그래서 하나님은 동산 중앙에 선악을 알게 하는 나무를 세워둔 것입니다. 그들이 하나님의 명령을 온전히 순종할 때, 그들이 진정한 자유인이 되었음을 선포하는 것이기 때문입니다. 하나님이 명령하신 것을 순종할 수 없을 때, 그들은 이미 자유인이 아니었다는 것을 증명하는 것입니다. 하나님은 아담과 이브가 하나님이 원하시는 것을 선택할 것으로 믿어주셨습니다. 그러나 동시에 그럴 수 없다는 것도 아셨습니다. 그래서 그 옆에 이미 생명나무를 심어두신 것입니다. 그리스도의 사역은 영원부터 시작이 됩니다. 인간은 제한된 존재이고, 어느 때이든지 한계가 드러날 사람이었기 때문입니다.

저는 자유의지를 주신 하나님을 사랑하고 찬양합니다. 노예로 만드시지 않고 우리에게 결단할 수 있는 기회와 특권을 주신 것을 감사합니다. 인격적이신 하나님께서 우리를 이렇게 하나님의 수준으로 높여주신 것을 감사합니다. 그럴 수 없다는 것을 아셨음에도 불구하고 기회를 주신 하나님의 사랑을 찬양합니다. 그들이 자유롭게 결단하고 돌아올 때까지 또 기회를 주시고 기다려주시는 주님도 감사드립니다. 그래서 우리 주님은 우리가 자유롭게 돌아오지 않고는 견딜 수 없게 하시는 분이십니다. 내가 자유인이 됨을 테스트하는 선악을 알게 하는 나무를 주신 하나님, 자유인으로 살아갈 수 있는 능력을 테스트하시는 주님, 감사와 존경과 존귀, 영광을 올려드립니다. 그래서 그분은 당당하게 하나님이십니다.

앞에서도 언급했지만 인간은 한계가 있어서 하나님께서는 인간이 그렇게 할 수 없다는 것도 알고 계셨다고 봅니다. 그래서 하나님은 인간이 그것을 선택하기도 전에 이미 생명나무, 그리스도를 그 옆에 세워두셨던 것입니다. 하나님은 언제나 죽음을 주시려고 하기보다는 생명을 주시기를 원하십니다. 그래서 창세기 제5장 죽음의 족보에서도 죽음을 보지 않고 하나님 나라에 간 에녹이 기록되어 있습니다. 노아의 홍수 때에도 방주를 만들어서 살 길을 열어주셨습니다. 선택은 우리가 하는 것이지만 하나님의 의지는 우리에게 구원을 주기를 원하시는 것입니다.

인간이 가지고 있는 생명에의 의지와 자유의지는 하나님이 가지고 계신 구원에의 의지에 근거합니다. 하나님이 인간을 구원하시고자 하는 의지로 인하여 인간에게 생명과 자유를 허락하셨던 것입니다. 선악과가 그곳에 있다는 것은 하나님의 은혜입니다. 하나님의 사랑이며 인간에 대한 하나님의 특별한 기대입니다. 인간에게만 주신 특별한 기회입니다.

반드시
죽으리라

"여호와 하나님이 그 사람에게 명하여 이르시되 동산 각종 나무의 열매는 네가 임의로 먹되 선악을 알게 하는 나무의 열매는 먹지 말라 네가 먹는 날에는 반드시 죽으리라 하시니라"(창 2:16,17).

이렇게 생명나무와 선악을 알게 하는 나무를 묵상하다가 하나님께서 주신 결정적인 계시는 바로 왜 정녕 죽게 되는가에 대한 해답이었습니다.

뱀이 와서 정녕 죽지 않고 눈이 밝아 하나님과 같이 된다고 하니까 하와는 계속 그 나무를 바라보았습니다. 그 열매는 보암직도 하고 먹음직도 하고 지혜롭게 할 만큼 탐스러웠습니다. 이제 생명나무를 바라보지 않고 선악과를 바라보게 되었습니다. 바라보는 것으로부터 기름부음이 들어온다고 말씀드렸습니다.

인간은 하나님의 말씀을 듣고, 그분을 뵈옵고, 그분의 양식을 먹어야 삽니다. 이제 하와는 하나님을 뵈옵고, 그분의 말씀을 듣고, 그분의 양식을 먹어야 하는 것을 대치하는 물건을 만납니다. 그것이 바로 선악과입니다. 먹어서는 안 되는 것이 눈 앞에 어른거리고,

먹어서 살 수 있는 생명의 떡은 보이지 않습니다. 선악을 알게 하는 나무는 근본적으로 생명의 떡을 먹지 못하도록 방해하기 때문에 결국에 죽게 되는 것입니다.

앞에서 설명하였지만 만일 인간이 순종하였다고 한다면 선악을 알게 하는 나무는 하나님께 나아가는 데 방해물이 되는 것이 아니고 하나님 앞에서 진정으로 자유롭게 사는 축복의 통로가 되었을 것입니다. 순종하느냐 불순종하느냐에 따라서 선악을 알게 하는 나무는 하나님을 바라보지 못하도록 하는 방해물이 되기도 하고, 하나님 앞으로 나아가 생명을 누리는 축복의 통로가 되기도 합니다. 이것이 하나님이 인간에게 자유의지를 주시고 인간이 지혜롭게 선택하도록 하신 이유입니다.

욥도 귀로만 듣던 하나님을 눈으로 뵈옵고 살아나는 체험을 하게 됩니다. 그 전까지만 해도 불안하고 두려운 인생을 살았습니다. 그리고 친구들과도 '네가 옳으냐? 내가 옳으냐?'로 상처를 입으면서까지 변론을 하였습니다. 그 변론은 결코 끝나지 않습니다. 옳고 그름을 따지면 결코 끝은 없습니다. 이 끝이 주님을 바라볼 때 해결됩니다. 욥이 이제 하나님의 음성을 듣고, 하나님을 바라보고, 하나님의 양식을 먹게 되자 살아납니다.

선악과를 먹으므로 죽게 되는 것이 아니라, 하나님의 생명의 떡을 먹지 못하므로 죽는 것입니다. 선악과는 도덕의 열매입니다. 이것을 먹는 한, 결코 생명을 얻을 수가 없습니다. 이 도덕의 열매가 강력하게 하나님을 바라보지 못하게 하고, 그 음성을 듣지 못하게 하고, 그 생명의 떡을 먹지 못하도록 하기 때문입니다. 결국 선악과는 하나님과 인간의 관계를 끊어놓습니다. 하나님과 관계가 단절되니까 죽게 되는 것입니다. 하와는 종국적으로 죽음을 선택하였고, 뱀은 하와를 유혹하는 데 성공합니다.

요한계시록에 가장 많이 나타나는 단어는 세 가지입니다. '보고, 들으니, 말하니' 입니다. 영성의 성장은 이 세 가지로부터 나옵니다. 볼 것을 보고, 들을 것을 듣고, 말할 것을 말할 때 생명의 영성이 나타납니다. 잘못 보고, 잘못 듣고, 잘못 말하는 것이 잘못된 인생입니다. 무엇을 보느냐? 무엇을 듣느냐? 무엇을 말하느냐? 이 세 가지를 통하여 그 사람의 영성을 알게 됩니다. 사도 요한은 영화로운 천국을 보게 되었고, 놀라운 하나님의 음성을 듣게 되었고, 하나님 앞에 경배와 찬양을 올려드렸습니다. 하나님과 관계되어 보고 듣고 말하면 생명의 영성입니다. 사탄과 관계되어 보고 듣고 말하면 죽음의 영성, 저주의 영성이 됩니다.

선악을 알게 하는 나무는 결과적으로는 인간이 하나님께 향한 시선을 대체물로 바꾸어 버립니다. 보암직도 한 선악의 열매를 하와는 계속 쳐다봅니다. 먹음직도 하여 한 입 깨물어 먹고 싶은 충동이 계속 일어납니다. 너무나 아름답고 현란하여 탐스럽기조차 합니다. 하나님을 향한 눈은 이제 더 이상 흠모할 만한 것이 없는 생명나무로부터 현란하게 탐스러운 선악을 알게 하는 나무의 열매로 향하였습니다. 매일 보면 볼수록 유혹은 더 깊어집니다.

연단과 유혹은 다릅니다. 연단은 더 강건하게 만들고 하나님의 사람으로 세워가지만 유혹은 멸망하게 하고 유약하게 하고 말씀대로 살아가지 못하도록 만듭니다. 유혹의 마지막은 죽음입니다. 하나님은 우리에게 연단을 주시면서 강하고 담대하도록 세워주십니다. 그래서 연단은 쓰지만 연단의 열매는 풍성합니다. 반면 유혹은 달지만 그 열매는 죽음이고 절망입니다. 사탄은 지금 하와의 눈과 입과 귀를 공격하고 있습니다. 그녀의 눈이 유혹을 바라보게 합니다. 만일 계속해서 그 유혹을 바라보게 된다면 결국에는 유혹의 노예가 될 것입니다. 선악을 알게 하는 나무에 매이게 될 것입니다. 더 이상 자유는 없습니다. 평생 선악을 알게 하는 나무의 열매를 먹고 종노릇하게 될 것입니다. 그러나 그 싸움에서 이기게 된다면 연단이 되어 더욱 강한 영성으로 거듭날 것입니다.

선악을 알게 하는 나무의 열매를 먹는 순간, 다른 열매에 흥미를 더 이상 가지지 못합니다. 다른 열매들은 쓰고, 맛이 없고 그만큼 유혹적이 아니기 때문입니다. 어떤 것에 맛이 들여지기 시작하면 제 맛으로 돌아오지 못합니다. 그래서 하나님의 양식으로 돌아오지 못합니다. 하나님의 양식은 어떤 이들에게는 재미도 없고, 맛도 없고 탐스럽지도 않습니다. 선악을 알게 하는 나무의 열매가 그 맛이 하도 유혹적이어서 하나님의 양식으로부터 멀어지게 하고, 결국에 생명을 먹는 일로부터 멀어지게 되는 것입니다.

그래서 반드시 죽을 것입니다.

또한 이웃과의 관계에서도 반드시 죽을 것입니다. 왜냐하면 관점이 두 가지로 되어버리기 때문입니다. 다른 사람들과의 관계에서도 옳고 그름을 따지고, 선과 악을 따지게 되고 죄를 전가하다 보니까 사랑의 관계가 파괴됩니다. 그리고 소원해지고 서로에 대하여 상처를 받게 됩니다. 이 내용은 선악을 알게 하는 열매의 특성을 말씀드릴 때 더 자세히 말씀을 드리려고 합니다.

또한 자기와의 관계에서도 죽음을 맞이하였습니다. 하나님과의 관계에서는 자녀의 관계로 행복한 이미지를 가지고 있었는데 이제는 실패자, 범법자, 불순종하는 자, 뱀의 꼬임에 넘어간 자, 불충성한 자 등등 불미스러운 이미지들이 각인되게 되었습니다. 자신을 아무리 좋게 생각하려고 해도 좋게 생각할 수가 없습니다. 수치스럽고 부끄럽습니다. 자신을 어디에 내어놓기가 싫습니다. 아담이 하나님으로부터 숨었지만, 그것은 이웃으로부터도 숨는 것이고, 자기 자신으로부터도 숨는 것입니다.

그래서 반드시 죽을 것입니다.

한 가지 금한 것만을
바라보게 되다

"여자가 그 나무를 본즉 먹음직도 하고 보암직도 하고 지혜롭게 할 만큼 탐스럽기도 한 나무인지라 여자가 그 열매를 따먹고 자기와 함께 있는 남편에게도 주매 그도 먹은지라"(창 3:6).

선악의 기름부음에 있어서 가장 중요한 특징이라고 한다면 없는 것에, 금한 것에 마음을 고정시키게 하는 것입니다. 에덴동산에는 여러 가지 열매를 맺는 나무들이 있었습니다. 동산 중앙에는 생명나무도 있었고 선악을 알게 하는 나무도 서 있었습니다. 하나님께서는 다른 것들은 다 임의로 먹어도 되지만 선악을 알게 하는 나무의 열매만은 먹지 말라고 금하셨습니다.

하나님이 먹으라고 허락하시는 데에는 이유가 있습니다. 그리고 하나님이 금하시는 데에도 이유가 있습니다. 모두가 우리들에 대한 사랑입니다. 우리에게 좋은 것은 먹게 하시고 나쁜 것은 금하시는 것입니다. 하나님의 사랑을 안다면 그 말씀에 순종하는 것이야말로 우리가 가장 좋은 것을 선택하는 것임을 알게 될 것입니다.

하와가 선악의 기름부음을 받은 것은 뱀을 만나고 나서입니다.

생명의 기름부음도 하나님과 대면할 때 받는 것처럼, 하와는 뱀을 만나고 나서 뱀이 주는 기름부음을 받습니다. 그것은 하나님을 거역하게 하고 불순종하게 하는 기름부음입니다. 하와는 지속적으로 선악을 알게 하는 나무의 실과를 바라보았습니다. 그랬더니 그 열매가 얼마나 탐스럽게 보이던지요? 얼마나 그 열매가 지혜롭게 보이던지요? 바라보면 바라볼수록 먹고 싶은 유혹이 더 깊어졌습니다. 먹고 싶은 충동을 불러 일으켰습니다. 먹음직하기도 하고 탐스럽기도 하였습니다.

하와는 하나님이 허락하신 나무의 열매에는 관심도 없고, 유독 하나님께서 금하신 그 열매에만 눈과 마음이 고정되었습니다. 이것이 뱀을 만나고 나서 하와가 받은 기름부음입니다. 없는 것, 부족한 것, 금한 것에만 마음을 쏟고 감사하지 못하게 하는 것이 사탄의 전략입니다.

눈을 들어서 사방을 본다면 우리들은 너무나 많은 복을 받았습니다. 그런데 100가지 가운데 99%의 복은 우리에게 주어졌고 1%만 주어지지 못하였다고 한다면 사람들은 그 1%로 인하여 마음이 행복하지 않게 됩니다. 눈을 돌리면 99%의 복들이 부어졌는데, 한 가지 없는 것, 한 가지 부족한 것, 한 가지 금한 것만을 바라보며 마음의 불평이 생기게 됩니다.

나에게 저것 하나만 더 있었어도…….

나에게 한 가지 은사만 더하여 주셨더라도…….

이렇게 불평하면서 없는 것에만 눈을 고정합니다. 급한 것에만 눈을 고정합니다. 선악의 기름부음 가운데 가장 강력한 힘이 바로 이것입니다. 없는 것을 바라보고, 부족한 것만을 바라보고, 급한 것만을 바라보면서 마음의 기쁨이 사라지게 하는 것입니다. 99%의 있는 것보다는 1%의 없는 것이 더 마음에 남아있습니다. 그 1%만 있다면 자신은 완벽한 행복을 누릴 것 같다고 생각합니다. 그 1%가 한 사람의 인생을 좌절하게 만들고 자신 없게 만들고 행복을 느끼지 못하도록 만듭니다.

선악의 기름부음을 받은 자들은 남의 장점보다는 단점에만 눈을 고정합니다. 눈을 돌리면 그 사람들에게 더 많은 장점이 있음에도 불구하고 옥에 티같이 한 가지 부족한 단점에만 관심이 있습니다. 그리고 그 단점 하나가 그 전체 인간을 대표하는 것처럼 그것을 크게 부각시키고, 그렇게 함으로 전체 인격을 하잘 것 없는, 가치가 없는 인격으로 전락시켜 버립니다.

예를 들어보겠습니다. 남편과 아내가 살면서 좋은 점들을 격려하고 칭찬하면서 살아야 하는데 갈수록 상대방에게 없는 것에만 신경이 쓰이게 됩니다. 또한 아내와 남편을 다른 부부와 비교하면서 부족한 점만 부각해서 싸우기도 합니다. 자녀들도 마찬가지입니다. 잘하는 것이 너무나 많음에도 불구하고 잘 못하는 것을 강조하면서 지속적으로 아이들의 마음에 상처를 주며 삽니다. 목회자도 마찬가지입니다. 목회자들도 약한 부분을 다 가지고 있습니다. 그 목회자에게 있는 많은 은사들과 능력, 그리고 장점들을 묻어두고, 그 목회자에게 없는 것만 가지고 문제를 삼는다고 한다면 그 교회는 정말 소망 없는 교회가 될 것입니다.

그래서 저의 남편도 아들에 대한 문제라면 제가 양보를 하지 않는 것을 알고 있었습니다. 다른 것은 몰라도 아들 문제를 건드리면 제가 폭발한다는 것을 잘 알고 있었습니다. 마치 아들이 저의 분신인 것처럼 아들을 사랑했습니다. 그리고 그 사랑을 다른 사람이 눈치 채지 못하도록 아들한테는 엄격하고 담담하게 대하였습니다. 저는 사랑하는 아들에 대해서는 단점이 잘 보이지 않았습니다. 의도적으로 좋은 점만 보고 살아왔습니다. 그럼에도 불구하고 그것은 피나는 노력이었습니다. 주위에서 아무도 아들을 믿어주지 않아도 저는 믿어주기로 결심했던 것입니다. 대학교를 졸업하지 못할 것이라고 사람들이 말을 할 때에도, 저만은 아들을 믿어주었습니다. 그것은 믿음이 있기 때문이 아니라, 믿어주려고 결정한 저의 필사의 노력이었습니다. 그런데 사랑하지 않는 사람에게서는 단점만 보였습니다. 끊임없이 그 단점을 붙잡고 늘어졌습니다. 이것도 역시 저의 선악을 알게 하는 나무의 열매를 먹은 결과였습니다. 사랑하는 사람과 사랑하지 않는 사람을 구별하고 다른 태도로 대하였기 때문입니다.

기름부음은 눈을 돌려 하나님이 주신 모든 축복에 대하여 감사하게 합니다. 눈을 열어서 하나님의 영광을 보게 하고 하나님께서 주신 모든 만물의 축복을 보게 합니다. 또한 하나님께서 주신 99%의 복을 바라보며 감사, 감사를 연발하게 합니다. 그렇게 된다면 감사에 감사가 꼬리를 물고 나오게 될 것입니다. 왜냐하면 감사가 감사를 낳기 때문입니다. 너무나 감사할 것이 많아서 다 감사를 드리지 못할 정도일 것입니다.

저도 40년 목회를 하면서 많이 회개하였습니다. 우선 남편에 대하여 좋은 점을 격려하고 세워주지 못하고 없는 것, 부족한 부분만을 지적하면서 용기를 잃어버리게 하였던 것을 회개하였습니다. 우리 부부의 입에서는 상대방을 세워주고 칭찬을 하기 보다는 없는 부분, 잘못한 부분, 실수한 부분만을 강조하는 말만 나와 몇 년이고 되씹으면서 서로를 향해 공격하는 무기로 사용하였던 것입니다. 어느 때는 남편이 이렇게 말했습니다. "그것을 언제까지 되씹을 거야?" 그러면 저는 이렇게 대답했습니다. "아마 무덤까지 가지고 갈 것 같은데요."

저는 생명의 기름부음에 들어가면서 그동안 저와 만났던 모든 교인들에 대해서도 회개하였습니다. 어떤 교인들도 100% 완전한 교인들이 없습니다. 그런데 시간이 갈수록 없는 부분이 부각되기 시작합니다. 더군다나 한 교회에서 목회 3년만 하게 되면 알 것 다 알게 되고 존경심도 없어지고, 부족한 부분이 다 드러나게 됩니다.

그래서 교인들도 목사에 대하여 허물을 드러내고 목사도 교인들에 대하여 감사한 마음이 없어지게 됩니다.

　만일 저에게 생명의 기름부음이 있었다고 한다면 그 교인들의 허물을 덮어주고 안아주고 사랑하였을 것입니다. 물론 지금도 늦지 않았지만요. 이 글을 빌어서 저에게 그런 상처를 받은 교인들에게 용서를 구합니다. 제가 미숙하기도 하였지만, 제가 종교적 열심 가운데 있어서 종교적, 선악의 기름부음 안에 있어서 일어난 일이었습니다. 정죄를 하고 판단을 하면서 두려움을 준 것이 있다면 그것도 용서해주십시오. 이제는 더 큰 사랑을 안고 여러분들을 위하여 기도하고 있습니다.

눈이 밝아
하나님과 같이 되어

"뱀이 여자에게 이르되 너희가 결코 죽지 아니하리라 너희가 그것을 먹는 날에는 너희 눈이 밝아져 하나님과 같이 되어 선악을 알 줄 하나님이 아심이니라"(창 3:4,5).

아담과 하와가 유혹을 받아 결국에 선악을 알게 하는 나무의 실과를 따먹게 된 것은 그들의 교만에 자극을 받았기 때문입니다. 하나님과 같이 되고 싶은 마음, 이 마음이 바로 루시퍼의 마음입니다. 뱀은 그들에게 가까이 와서 이것을 먹으면 죽는 것이 아니라 눈이 밝아진다고 유혹하였습니다. 그것도 눈이 밝아져 하나님과 같이 된다고 유혹하였습니다. 이것이 아담과 하와가 "먹음직도 하고 보암직도 하고 지혜롭게 할 만큼 탐스러운" 선악을 알게 하는 나무에게 손을 내민 이유가 될 것입니다.

눈이 밝아 하나님과 같이 된다는 것은 무엇을 의미할까요? 우선 이것을 이해하기 위해 어떤 분이 하나님이신가를 깨달을 필요가 있습니다.

모세는 호렙 산에서 하나님을 대면하였을 때에 먼저 그분의 이

름을 묻습니다. 왜냐하면 애굽에 내려가서 누가 자신을 그곳에 보
냈는지 대답하려면 하나님의 이름을 알아야 하기 때문입니다. 그럴
때에 하나님은 "나는 스스로 존재하는 자다."라고 대답하십니다.

> "모세가 하나님께 아뢰되 내가 이스라엘 자손에게 가서 이르기를 너희의
> 조상의 하나님이 나를 너희에게 보내셨다 하면 그들이 내게 묻기를 그의
> 이름이 무엇이냐 하리니 내가 무엇이라고 그들에게 말하리이까 하나님이
> 모세에게 이르시되 나는 스스로 있는 자이니라 또 이르시되 너는 이스라
> 엘 자손에게 이같이 이르기를 스스로 있는 자가 나를 너희에게 보내셨다
> 하라"(출 3:13,14).

'I am that I am'이라는 말은 나는 스스로 있는 자라는 뜻이며
"나는 있다."라는 뜻입니다. 모세가 하나님의 이름을 물은 것은 그
의 존재를 확인하는 질문입니다. 이름은 곧 그 사람의 존재를 나타
내는 것이기 때문입니다. 나는 스스로 있는 자라고 하는 여호와의
뜻은 영원자존자라는 뜻입니다. 성경의 하나님, 우리가 믿는 창조
의 하나님은 '있는 자' 이십니다. 그러므로 여호와 하나님 이외에는
모두가 없는 자들입니다. 그 없는 것이 있는 자를 통하여 있는 존재
로 태어나는 것입니다.

우리는 우리의 존재 원인이 나 밖(外)에 있습니다. 다시 말한다
면 내가 있고 싶다고 있을 수 있는 존재가 아니라는 뜻입니다. 적어
도 부모님에 의해 있게 된 존재이지만 그 부모님도 스스로 존재한

자는 아닙니다.

놀라운 것은 그 스스로 존재한 자 외에는 우주 만상이 스스로 존재한 것은 없다는 사실입니다. 그 하나님으로 말미암지 않고는 존재할 자가 없다는 것입니다. 그러므로 우리 존재는 그분이 있게 하심으로 있게 된 피조물이고, 그분이 없다고 하면 없게 되는 유한한 존재라는 사실입니다.

그런데 눈이 밝아 하나님같이 된다는 뜻은 스스로 자존하는 자가 된다는 뜻입니다. 하나님만이 스스로 존재하시고, 존재하는 데에 어떤 도움도 외부로 받지 아니하시고, 존재하는 원인이 유일하게 그분 안(內)에 계신 분이신데, 사탄은 하와에게 눈이 밝아 하나님같이 스스로 존재하는 자가 된다고 유혹했던 것입니다. 이것이야말로 하나님께 대한 대역죄에 해당되는 것입니다.

우리는 반대로 눈이 밝아, 그분이 참으로 영광의 하나님이신 것을 보아야 합니다. 욥도 귀로만 듣던 하나님을 눈으로 뵙는 축복을 누렸습니다. 그런데 사탄이 주는 기름부음은 눈이 밝아 하나님같이 되어 교만한 자로 타락하게 합니다. 눈이 밝아 하나님같이 된다면 자신이 존재하는 이유가 자신 안에 있다는 교만을 나타내는 것입니다.

자신이 존재하는 이유가 자신 안에 있다고 믿는다면 하나님 앞에 나올 필요가 없을 것입니다. 교만하여 하나님의 도움을 구하려고 하지 않을 것입니다. 자신의 유한성을 모르고 자신이 무한한 존재, 전지전능한 존재라고 착각할 것입니다. 사탄이 노리는 것도 바로 이것입니다. 사람들이 하나님 앞에 나오지 못하도록 막을 수 있어서, 하나님같이 되도록 만드는 것이 사탄의 목적입니다.

자신이 하나님같이 된다면 자신이 심판자가 될 것입니다. 그래서 남을 비판하고 남을 정죄하면서 스스로 심판자의 자리에 앉게 될 것입니다. 자신의 죄악은 보이지 않고 남의 허물만 보이게 되고 지속적으로 남을 정죄하게 될 것입니다. 앞에서 말씀드린 이중 잣대로 남을 폄하하고 비판하고 남을 정죄할 것입니다. 자신이 심판자의 자리에, 모세의 자리에 앉게 됩니다. 남의 티눈만 보고 자신의 들보는 보지 못하는 결과가 됩니다.

자신이 하나님같이 된다면 우선 기도가 없어질 것입니다. 자신이 하나님인데 무엇 때문에 기도를 합니까?

하나님같이 된다는 것이 죄악의 출발이요, 파멸에 이르는 길입니다. 그래서 정녕 죽는다고 말씀하셨습니다. 하나님을 바라보고, 하나님의 말씀을 듣고 찬양하고 고백해야 사는데, 하나님을 바라보지 못하고 선악과를 바라보면서 먹고 싶은 충동을 느끼게 만들면서 결국에는 파멸하게 합니다. 사탄은 이렇게 눈이 밝아 하나님과 같이 되는 기름부음을 주고 있습니다. 우리 주위에 무신론자들은 바로 이러한 기름부음 가운데 들어가 있는 것입니다. 또한 믿으면서도 종교적으로 믿는 자들은 이러한 착각 가운데 들어가 있는 사람들입니다.

하나님이 주시는 생명의 기름부음은 오히려 주님을 뵙고 자신이 죄인임을 고백하고, 하나님과의 샬롬의 관계를 갖게 합니다. 눈이 밝아져서 그분의 영광이 얼마나 놀라운 것인지 무릎을 꿇게 합니다. 만일 우리가 생명의 기름부음으로 눈이 밝아진다면 우리는 하나님 앞에서 회개를 하게 되고 모든 죄에서 돌아서게 될 것입니다. 그분이 얼마나 놀라우신 분인지, 우리가 경외함으로 그분 앞에 나가야 할 분인지 알게 될 것입니다. 욥도 이사야도 주님을 만남으로 인생이 변화되었습니다.

"내가 주께 대하여 귀로 듣기만 하였사오나 이제는 눈으로 주를 뵈옵나이다 그러므로 내가 스스로 거두어들이고 티끌과 재 가운데에서 회개하나이다"(욥 42:5,6).

"서로 불러 이르되 거룩하다 거룩하다 거룩하다 만군의 여호와여 그의 영광이 온 땅에 충만하도다 하더라 이같이 화답하는 자의 소리로 말미암아 문지방의 터가 요동하며 성전에 연기가 충만한지라 그때에 내가 말하되 화로다 나여 망하게 되었도다 나는 입술이 부정한 사람이요 나는 입술이 부정한 백성 중에 거주하면서 만군의 여호와이신 왕을 뵈었음이로다 하였더라"(사 6:3-5)

하지만 사탄이 주는 기름부음은 하나님과 대적하게 하고 사람을 하나님의 자리에 앉혀 놓습니다. 아니 자신이 그 자리에 앉으려고 합니다. 사탄은 처음부터 거짓말쟁이의 아비였습니다. 그에게는 진실이 없습니다. 진리가 없습니다. 처음부터 속이고 거짓말하는 자입니다.

"너희는 너희 아비 마귀에게서 났으니 너희 아비의 욕심대로 너희도 행하고자 하느니라 그는 처음부터 살인한 자요 진리가 그 속에 없으므로 진리에 서지 못하고 거짓을 말할 때마다 제 것으로 말하나니 이는 그가 거짓말쟁이요 거짓의 아비가 되었음이라"(요 8:44).

선악의 기름부음, 공중권세 잡은 자로부터 오는 기름부음은 이렇게 하나님 앞에 인간이 악하게 서게 만들며, 대적하게 만들면서 파멸의 길, 저주와 죽음의 길로 나아가게 만듭니다.

그렇다면 한번 생각해 보시기 바랍니다.

나는 과연 어떤 기름부음 안에 있는지 분별해 보시기 바랍니다. 기도 없이 자녀 교육을 시키려고 하는 것도 교만이요, 기도 없이 사업을 하려는 것도 교만이요, 기도 없이 존재하고 살아가려고 하는 것도 교만입니다. 우리들도 과연 눈이 밝아 스스로 하나님과 같이 되어 살아가고 있는 것은 아닌지요?

하나님을 범사에 인정하지 않고 사는 것도 스스로 하나님이 되는 결과요, 기도하지 않고 발을 내디디는 것도 스스로 높아진 결과요, 스스로 살면서 하나님께 감사하지 않고 내 존재하는 이유가 내 능력 안에 있다고 생각하는 것도 교만입니다. 곧 선악을 알게 하는 열매를 먹음으로 오는 기름부음인 것입니다.

눈이 제대로 밝아서 예수님을 보고, 나 자신이 누구인가를 보고 세상을 보고 제대로 인생을 결단해야 합니다. 바디매오가 바로 그런 사람이었습니다. 그는 걸인이었지만 주님을 뵙고 나서 그를 쫓는 제자가 되었습니다. 눈이 밝아 하나님과 같이 되면 하나님을 떠나 파멸하지만, 눈이 밝아 하나님을 뵙게 되면 그를 쫓은 제자의 길을 걸어가게 됩니다. 눈이 이만큼 중요합니다. 눈이 영성을 회복하는 아주 중요한 통로입니다. 사탄은 그 눈을 사로잡은 것이었습니다.

내가
주(主)님인 인생

> "또 비유로 그들에게 말하여 이르시되 한 부자가 그 밭에 소출이 풍성하매 심중에 생각하여 이르되 내가 곡식 쌓아 둘 곳이 없으니 어찌할까 하고 또 이르되 내가 이렇게 하리라 내 곳간을 헐고 더 크게 짓고 내 모든 곡식과 물건을 거기 쌓아 두리라 또 내가 내 영혼에게 이르되 영혼아 여러 해 쓸 물건을 많이 쌓아 두었으니 평안히 쉬고 먹고 마시고 즐거워하자 하리라 하되"(눅 12:16-19).

공중권세 잡은 자로부터 받은 기름부음, 곧 선악의 기름부음을 받은 자들은 자기중심적입니다. 모든 것이 내 중심으로 움직여집니다. 하나님을 중심으로 사는 삶이 아니라 자신이 중심이 되는 인생을 살아갑니다. 모든 것이 나 중심이라 이것을 내 영성이라고 부릅니다.

하나님께 영광을 돌린다고 하면서도 실상은 자기의 소욕을 위하여 자기중심적으로 결단하고 사역도 해 나갑니다. 내 영성을 가진 사람들은 내 자녀, 내 아내, 내 교회, 내 목회, 내 이익을 중심으로 영성이 움직입니다. 영성의 중심도 나요, 영성의 목적에도 내가 자리 잡고 있습니다. 눈이 밝아 하나님과 같이 되어, 나 중심적으로 살게 됩니다. 누가복음의 부자의 비유처럼 부자는 내 것, 내 곳간, 내 영혼, 내 것에 마음을 집중합니다. 위의 성경말씀에서 '내가' 혹은 '나의 것' 이라는 말이 얼마나 많이 나오는지 모릅니다. 이것을 내 영성이라고 부릅니다.

이러한 내 영성의 기름부음을 받은 사람이 목회를 한다고 한다면 교회의 모든 것이 자기 욕심을 채우기 위한 것으로 움직일 것입니다. 자신이 인정받고 자신의 소유를 늘리는 것에 집착을 합니다. 교회 건물도 내 것이라고 생각하고, 교인들도 내 것이라고 생각하고, 교회 재정도 내 것이라고 생각합니다. 교회가 하나님의 교회이며, 성도가 하나님의 백성임을 인정하지 않고 자기중심적으로 목회를 하게 됩니다. 교인들이 전적으로 목회자 중심으로, 목회자만을 섬기면서 교회 안에만 머물도록 하는 목회를 하게 됩니다. 언제나 내 목회, 내 교회, 내 교인 중심입니다.

이러한 사람들은 모든 물질도 자기의 것이라고 착각하고, 자신의 소욕을 위하여 물질도 사용합니다. 하나님은 '물질과 하나님을 동시에 섬길 수 없다' 고 말씀하셨습니다. 재물이냐? 하나님이냐? 그런데 선악의 기름부음을 받은 사람들은 아직도 물질을 자기의 것으로 생각하고 물질에 묶여서 살고 있습니다. 이러한 그리스도인들은 어떤 육신적 유익이 있을 것이라고 생각하면 자신의 물질을 나누기도 합니다. 하지만 아까운 마음이 들 뿐 아니라 자기의 공로가 나타나기를 원합니다.

선악의 기름부음을 받은 사람들은 잘 기도하지 않습니다. 기도의 훈련도 되어 있지 않지만 기도를 통하여 어떤 신령한 은혜를 입으려고 하지 않습니다. 그러나 자신에 관한 절박한 상황이라든지 아니면 유익이 올 것 같으면 한동안 열심히 기도합니다. 그러나 그렇게 지속적으로 기도하지 못합니다. 이러한 사람들은 중보기도도 할 수가 없습니다. 중보기도를 하려고 한다면 '자기 가족, 자기 교회, 자기 친구' 등 특별한 개인적인 관계를 가지고 있는 사람들 이외에는 할 수가 없습니다. 중보기도는 주님의 마음으로 기도해 주어야 하는 것인데 자기 중심적, 자기 욕심에 근거하여 기도를 하기 때문에 육신적인 것을 위하여 기도하게 됩니다. 모든 기도의 동기는 바로 육신적인 이익을 위하여 하게 됩니다.

또한 기도를 통하여 주님의 뜻을 발견하고 주님께 순종하려고 하는 태도가 아니라 주님으로부터 어떤 도움을 받고 보호를 받기 위하여 기도합니다. 그러므로 모든 기도가 '주시옵소서' 하는 기도이며 그러한 기대를 갖고 기도합니다. 즉 내 뜻이 이루어지는 기도를 하게 됩니다. 그러나 감사한 것은 모든 기도가 응답 받지 못한다는 사실입니다. 이러한 육적인 기도가 다 응답을 받게 되면 이 세상은 얼마나 혼란스러워지겠습니까?

대인관계에서 선악의 기름부음을 받은 자들은 매우 교만하고 이기적입니다. 그리고 다른 사람들의 비밀을 지켜 준다든지 이해해 주지 않습니다. 받으려고만 하고 이익을 얻으려고만 하고 자기중심적으로 대인관계를 갖게 됩니다. 또한 대인관계를 가질 때에도 자신에게 이익이 있는 대상을 찾아서 사귀고 그렇지 않을 때에는 무시해 버립니다.

그러므로 누가 나의 이웃이 되는가에 대한 관심만 있습니다. 누가 자신을 위해주고 도와주고 '선한 사마리아인'이 되어주면 그 사람과 금방 친하고 그 사람을 올려주고 칭찬을 해 줍니다. 그러나 자신은 '결코 누구의 이웃도 되어주지 못합니다'. 그러므로 친구들도 차츰 떠나가게 됩니다. 위선적인 모습, 이기적인 모습, 실리적이고 육적인 태도에 인간관계가 더 이상 성장하지 못합니다.

이러한 사람들의 부부관계는 당연히 '에로스'의 단계입니다. 서로의 매력을 바라보고 사는 것입니다. 그래서 이해가 부족하고 서로 받으려고만 하여 성숙한 부부생활을 하지 못하게 됩니다. 성경에 '주께 하듯 하라'는 것은 이 사람들에게는 상당히 요원한 말씀입니다. 부부관계에서도 언제나 자기중심적으로 결정하고 남이 나를 이해해주기를 바라고, 남이 나를 위해서 희생해 주기를 바랍니다. 이러한 사람들은 당연히 미성숙한 태도로 상대방을 대하고 자기중심적으로 결정하고 판단하기 때문에 함께 사는 이들이 힘들고 깊은 갈등 속에 들어가게 됩니다.

내 영성에 빠진 사람들은 주님을 위하여 일한다고 하면서 자신의 영광을 위하여 사역합니다. 무엇이든지 자신을 올려주고 인정해

주면 기뻐합니다. 인간이 어떻게 생각해 주는가에 많은 신경을 쓰고 하나님이 어떻게 생각하시는가에 대해서는 관심이 없습니다. 그 사역 자체가 주님의 일을 하는 것이 아니라 '주님의 이름을 빌려서' 자기의 일을 하는 것입니다. 자신의 영광과 이름을 드러내기 위해 열심히 합니다. 그런데 실상 본인들은 그것을 잘 모르는 경우가 많습니다. 주님을 경배하고 예배드리는 것보다는 일에 관심이 더 많습니다. 그리고 주님이 원하지 않는 일들도 종교적이고 선한 일이면 주님의 허락을 받지 않고도 자기 고집대로 추진해 나갑니다.

두려워하여
숨었나이다

"그들이 그날 바람이 불 때 동산에 거니시는 여호와 하나님의 소리를 듣고 아담과 그의 아내가 여호와 하나님의 낯을 피하여 동산 나무 사이에 숨은지라 여호와 하나님이 아담을 부르시며 그에게 이르시되 네가 어디 있느냐 이르되 내가 동산에서 하나님의 소리를 듣고 내가 벗었으므로 두려워하여 숨었나이다"(창 3:8-10).

생명의 기름부음이 임할 때 각자가 사명을 감당할 수가 있습니다. 사명은 각자 다르며 주님은 각자에게 필요한 기름부음을 주시고 그 자리와 위치에서 아름답게 주님이 주신 사명을 감당하도록 기름부음을 주십니다. 하지만 기름부음이 떨어졌을 때, 그들은 어떻게 되었을까요? 생명의 기름부음을 보존하지 못하고 사탄이 주는 기름부음을 향해 얼굴을 돌리고 있을 때 어떤 일이 일어날까요? 우리가 100% 풍성한 기름부음 가운데 거해야 하지만 1%의 틈만 있어도 공격을 받을 수 있다는 것을 아는 것도 큰 지혜의 하나라고 생각합니다.

구약에서 제일 먼저 기름부음을 받은 것을 찾아보니 아담이었습니다. 하나님께서 사람을 만드시고 그분의 호흡, 생기를 넣어주셨는데 그러자 사람이 생령이 되었습니다. 하나님께서 하나님의 것을 인간에서 부어주셨을 때 흙이 인간으로, 생령으로 숨쉬기 시작하였고 살아 움직이기 시작하였습니다. 단순한 흙을 뛰어넘어 생령이 되었던 것입니다. 죽은 흙, 움직일 수 없는 흙에 하나님의 호흡이 부어지자 생령이 되었습니다. 이것은 에스겔의 마른 뼈에 대언하여 "살아나라!"고 외쳤을 때 그들이 살아 움직인 것과 같습니다. 성령이 역사할 때 마른 뼈가 살아 움직였던 것입니다.

자연인에게 하나님의 능력이, 하나님의 영이 임하였을 때 초자연적인 사람이 되는 것이 기름부음이라면 아담과 이브에게 하나님의 신을 부어주자 생령이 된 것도 최초의 기름부음이라고 볼 수가 있습니다. 아담과 이브에게 기름부음이 있음으로 생령이 되어 하나님과 교제하는 인간이 된 것처럼, 우리에게도 기름부음이 있을 때에 자연인(Natural man)이 초자연인(Supernatural man)이 되어 주님이 맡겨진 일을 담당할 수 있는 것입니다.

그러한 기름부음으로 생령이 된 아담은 하나님이 주신 사명을 감당하게 됩니다. 그 사명은 동산지기였습니다. 그리고 동물들에게 이름을 주는 일이었습니다. 이때 아담은 지혜의 기름부음(Anointing of knowledge or wisdom), 가르침의 기름부음을 받았던 것 같습니다. 요한일서 2장 27절에는 "너희 안에 기름부음이 너를 가르칠 것이다."라고 선포하고 있습니다. 아담이 그렇게 많고 다양한 동물들에게 각자 이름을 준 것은 놀라운 지식, 지혜, 가르침의 기름이 임하였기 때문이라고 믿습니다. 또한 아담에게 주님은 '선악을 알게 하는 나무의 열매'는 먹지 말라고 하셨고 이것을 아내에게도 가르쳐서 함께 지키도록 하셨습니다. 동산지기로서 동산에 있는 나무의 열매에 대하여 다 먹을 수도 있겠지만 하나님은 그가 가지는 권한을 제한하셨고 그것은 하와에게도 그대로 적용되는 것이었습니다.

그런데 하와가 태어난 후에 아담은 하와의 아름다움에 빠지게 되었고 주님과 동행하며 대화하며 교제하던 것에서 하와와의 교제가 더 많아지게 되었습니다. 점점 기름부음이 소멸되게 되었습니다. 아담의 기름부음이 점점 소멸되면서 아담은 결국 사탄의 공격에 쓰러지게 됩니다. 아내의 말을 듣고 하나님이 명령하신 것에 불순종하게 됩니다.

기름부음이 없을 때, 기름부음이 소멸될 때 자연히 불순종하게 됩니다. 순종할 수 있다는 것은 바로 기름부음의 힘인 것입니다. 기름부음이 충만할 때 순종할 수 있으며 기름부음이 소멸될 때 불순종이 힘을 쓰게 되는 것입니다. 아담은 가장 전형적인 기름부음의 소멸로 나타나는 불순종의 주연이 되고 맙니다. 하나님의 말씀에 순종할 수 있는 힘을 잃어버렸고 그 능력을 잃어버렸습니다.

아담이 하와가 주는 선악을 알게 하는 열매를 먹게 되자 그들의 눈이 밝아졌습니다. 눈이 밝아지면서 제일 먼저 알게 된 것은 자신이 벌거벗고 있다는 사실이었습니다. 그래서 무화과나무 잎을 엮어

치마로 삼고 하나님으로부터 숨어버리게 됩니다. 그것은 그 마음 가운데 두려움이 생겼기 때문입니다.

> "사랑 안에 두려움이 없고 온전한 사랑이 두려움을 내쫓나니 두려움에는 형벌이 있음이라"(요일 4:18).

사도 요한은 사랑과 분리된 자들이 두려움을 갖게 된다고 선포하였습니다. 사랑과 분리되었다는 것은 하나님으로부터 분리되었다는 것을 의미합니다. 죄는 하나님으로부터 분리하여 영적인 죽음을 맞이하게 합니다. 그리고 그러한 두려움이 생기는 것은 바로 형벌이 있다고 믿기 때문입니다. 죄책감과 수치심, 그리고 하나님으로부터의 심판을 받을 것에 대한 두려움이 아담과 하와를 덮은 것입니다. 하나님은 그들에게 너희가 벗은 것을 어떻게 알았느냐고 물으십니다.

하나님으로부터 분리된 자들의 특징은 두려움입니다. 사울 왕도 두려움 가운데 있었고, 헤롯 왕도 두려움 가운데 있었습니다. 아담의 후예인 우리들도 이러한 두려움 가운데 살게 됩니다. 욥도 두려움이 그 마음 가운데 있었습니다. 두려움과 무서움들이 깊은 내면에 자리 잡고 있습니다. 선악의 기름부음은 이렇게 두려움 가운데 사람들을 몰아넣는 것입니다. 두려움은 하나님으로부터 온 것이 아닙니다.

"하나님이 우리에게 주신 것은 두려워하는 마음이 아니요 오직 능력과 사랑과 절제하는 마음이니"(딤후 1:7)

이러한 두려움을 벗어나기 위하여 인간 스스로 다른 길을 찾습니다. 그러나 그런 방법들이 그 두려움을 잠시 잊게 할지는 모르지만 근본적으로 두려움이 사라지는 것은 아닙니다. 성경에는 365번에 걸쳐 "두려워 말라."는 말씀이 나옵니다. 매일매일 우리가 두려워하지 말아야 할 것은, 하나님께서 우리와 함께 하시기 때문입니다. 하나님으로부터 온 기름부음은 우리를 두려움에서 해방시키십니다.

또한 벌거벗고 있는 자신들에게서 수치심을 발견합니다. 수치심은 존재 자체에 대한 것입니다. "나는 도둑놈이야, 나는 살인자야, 나는 거짓말쟁이야." 라고 말하면서 완전히 자신의 존재를 어떤 존재로 규정해버리는 것, 이것이 수치심입니다. '나는 도둑질을 했지만 그 행동만을 고치면 괜찮은 사람이야'라고 생각한다면 그것은 수치심이 아니라 죄책감입니다.

서양은 죄책감의 문화(Guilty culture)이고, 동양은 수치심의 문화(Shame culture)입니다. 수치심이라는 것은 존재 자체를 규정하는 것이며 죄책감은 행동을 규정하는 것입니다. 이러한 것들이 모두 선악을 알게 하는 나무의 실과를 먹은 결과입니다. 인간은 무화과나무로 자신을 가지고 수치감을 덮으려고 합니다. 이러한 수치감과 죄책감은 인간 심성 깊은 곳, 뿌리에 자리 잡고 있습니다.

두려움도 하나님이 주시는 두려움이 있습니다. 자연적으로 위험한 것으로부터 두려움을 갖고 피해가도록 주셨습니다. 강력한 불, 바람, 물에 대한 두려움은 우리로 하여금 생명을 유지하도록 주시는 것입니다. 또한 하나님은 하나님께 대하여 두려움을 갖게 하십니다. 이것은 관계단절을 위한 두려움이 아니라 경외심을 갖게 하는 것입니다. 두려움이라고 할지라도 하나님으로부터 오는 두려움은 우리가 살 수 있는 길을 주시기 위하여 주신 두려움입니다. 아이들이 불에 대하여 두려움을 가진다면 화상을 입거나 불을 내거나 위험한 일을 피할 수 있을 것입니다.

하지만 사탄으로부터 온 두려움의 기름부음은 파괴적인 것입니다. 어느 미국 사람과 결혼한 한 여인은 두려움의 종이 되어 있었습니다. 그 여인은 항상 밖에서 자신을 보기 위하여 커튼 밖에서 사람이 서 있다고 생각하고 있었습니다. 그래서 방 한 구석에 쭈그리고 앉아서 공포에 떨고 있었습니다. 밖에는 물론 나가지도 못하고 집에서도 자유롭게 움직이지도 못하였습니다. 그 여인의 두려움은 밖에서 오는 것이 아니라 안으로부터 오는 것이었습니다. 하나님으로부터도 소외되어 있을 뿐만 아니라 모든 가족과 또한 외부와의 접촉이 끊어지게 되었습니다. 이러한 두려움으로 인하여 그 여인은 일상생활과도 관계가 끊어지게 되었고, 자녀들과의 관계와 부부관계도 가질 수가 없었고, 하나님 앞으로도 나올 수가 없었습니다.

이러한 극심한 두려움은 두려움의 영이 붙잡고 있기 때문입니다. 하나님으로부터 떠난 사람들은 이러한 두려움이 있는데 두려움도 레벨이 달라서 병적인 것도 있고, 존재론적인 두려움도 있습니다. 이러한 모든 두려움이 파괴적인 열매를 맺게 합니다. 그것은 이미 하나님과의 관계로부터 단절되기 때문에 생기는 열매들입니다. 하나님으로부터 오는 것은 살게 하고, 사탄으로부터 오는 것은 죽게 합니다.

가인에게
질투가 불 일듯 일어나다

"가인이 그의 아우 아벨에게 말하고 그들이 들에 있을 때에 가인이 그의 아우 아벨을 쳐죽이니라 여호와께서 가인에게 이르시되 네 아우 아벨이 어디 있느냐 그가 이르되 내가 알지 못하나이다 내가 내 아우를 지키는 자니이까"(창 4:8,9).

신앙공동체에서 가장 많이 일어나는 것은 질투입니다. 이 질투는 교회공동체를 파괴할 뿐만 아니라 자신도 파괴합니다. 우리는 기억해야 합니다. 질투를 하면 '내가 반드시 죽으리라' 라는 것을 알아야 합니다. 질투는 사랑을 독점하려고 하는 데서 일어납니다. 목회자가 어느 특정인을 사랑하는 것처럼 보이면 질투를 합니다. 아니면 성도가 목사님의 사랑을 독차지하고 싶을 때에는 질투가 나고 다른 성도를 미워하게 됩니다. 성경에서도 형제를 미워하면 살인하는 자라고 말씀해주셨습니다. 질투는 살인의 아비입니다. 생명나무를 바라보며 살기를 원하시는 하나님의 의도에 가장 대적하는 것이 바로 이 질투입니다.

아담과 하와는 에덴동산에서 쫓겨나가게 되었습니다. 죄 지은 상태에서 다시는 에덴동산으로 돌아올 수는 없을 것입니다. 아담과 하와가 동산 밖에 쫓겨나서 두 아들을 낳았습니다. 아벨은 양 치는 자였고, 가인은 농사하는 자였습니다. 세월이 지난 후에 가인은 갈등과 질투를 느끼기 시작합니다. 선악의 기름부음은 선악의 갈등을 느끼게 하고 질투를 느끼게 합니다.

질투라는 것은 서로를 비교하기 때문에 생기는 것입니다. 자신의 것보다 다른 이의 것이 낫다고 느낄 때에도 질투를 느끼며, 남이 가진 것을 자신이 가지지 못한다고 느낄 때에도 질투를 느낍니다. 남이 나보다 더 사랑을 받고 있다고 생각해도 질투가 생깁니다. 내 아내가 나보다 남을 더 사랑한다고 생각하면 질투가 납니다. 내가 사랑하는 이가 다른 이에게 더 호감을 주고 있다고 생각하면 화가 나고 질투가 납니다. 내 친구가 더 명예를 얻고 있다고 생각하면 질투가 납니다. 옆 교회 목사님이 더 목회를 잘 하고 설교를 잘 해서 더 인기가 있다고 생각하면 화가 치밉니다. 어린아이들이라면 친구가 공부를 더 잘하고 운동도 더 잘하고 친구들에게 인기가 더 있다면 질투가 날 것입니다.

이 질투는 아마 우주가 생긴 이래에 가장 오래된 죄악 가운데 하나일 것입니다. 루시퍼도 하나님 같이 높아지려고 하였으며 하나님께 대하여 질투를 가지고 있었습니다(사 14:12-14). 이것도 이중 잣대가 주는 감정입니다.

우리는 하나님은 질투하시는 하나님이라는 것을 압니다. 하나님도 질투를 하시는가요? 그렇습니다. 하나님의 질투도 있습니다. 저는 이것을 거룩한 질투라고 합니다. 인간의 질투와 하나님의 질투가 다른 것은 하나님의 질투는 근본적으로 우리를 살리기 위한 질투이십니다. 우리가 하나님만을 바라보고 살게 하시려고 우상을 향한 우리들의 마음을 질투하시는 것입니다. 우상을 향한 마음에서 돌아오도록 질투를 하시는 것입니다. 이러한 질투로 인하여 인간은 사는 길로 다시 돌아옵니다. 하지만 가인의 질투는 그러한 질투가 아닙니다. 파괴적인 질투입니다. 살인적인 질투입니다. 형제를 미워하면 이미 형제를 죽이고 살인한 것입니다. 그래서 하나님의 질투는 우리를 살게 만들지만, 사탄이 주는 질투는 파괴하고 멸망하고 죽게 만듭니다.

질투는 일치를 깨는 행위입니다. 연합을 깨는 행위입니다. 이웃과의 관계를 단절시킵니다. 사탄의 역사는 모든 연합을 깨고자 하는 것입니다. 두려움으로 하나님과의 관계를 단절시킨 사탄은 이제 질투로 인간들을 분리시키고 있습니다.

가인은 동생이 하나님으로부터 더 많은 호의를 받고 있다는 사실이 견딜 수 없었습니다. 질투와 분노가 마음에 자리 잡기 시작하였습니다. 가인은 동생을 죽이기로 결심합니다. 이미 가인은 동생을 죽이고 있었습니다. 형제를 미워하면 이미 살인한 것이기 때문입니다. 동생을 죽이면 하나님이 동생에게 주던 호의를 자신에게 줄 것이라고 믿었기 때문입니다. 그러나 하나님은 동생에게 호의를 베풀었기 때문에 형에게 줄 호의가 없어지는 태도를 취하시는 것은 아닙니다. 하나님은 누구에게나 호의를 베푸실 수 있는 분이십니다. 이것은 동생과의 관계에서 생기는 것이 아니라 하나님과의 관계에서 생기는 것입니다. 하나님을 믿고, 하나님을 경배하면 하나님은 그 누구에게나 호의를 베푸시고, 그 예배를 받으십니다.

가인은 동생을 제거함으로 하나님의 호의를 받으려고 하였습니다. 극심한 질투가 인류의 첫 살인사건으로 나타나게 됩니다. 가인이 아벨의 피를 흘리게 함으로 땅이 사람을 저주하게 됩니다(창 4:11). 그리고 다른 이들이 자신을 죽일 것 같은 두려움에 떨게 됩니다. 가인은 땅으로부터 저주를 받고 안식을 잃어버립니다. 평생 떠돌아다니는 도망자의 삶을 살게 됩니다. 땅은 안식을 의미하는데, 땅의 저주를 받고 가인은 어디에서도 쉴 수 없는 인생이 되어 방랑하는 자가 됩니다. 선악을 알게 하는 나무의 열매를 먹은 자들은 이렇게 두려움과 질투, 수치심 가운데 살게 됩니다. 사탄이 주는 기름부음의 가장 전형적인 현상입니다.

사울 왕도 그러한 질투 가운데 있었습니다. 사울 왕은 다윗을 제거하면 하나님으로부터, 사무엘로부터 호의를 회복할 수 있다고 믿었습니다. 백성들로부터 호의를 회복할 수 있다고 믿었습니다. 요셉의 형제들도 요셉을 질투하였습니다. 요셉의 형제들도 요셉을 제거하면 아버지로부터 그 사랑과 호의를 받을 수 있다고 생각하였습니다. 그러나 요셉이 사라졌다고 해서 아버지의 호의를 받을 수 있는 것이 아닙니다. 헤롯 왕도 예수님을 제거하면 자신이 유대인으로부터 왕의 대접을 받을 수 있다고 생각해서 두 살 아래의 영아들을 모두 죽이게 하였습니다. 예수님에 대한 질투가 살인으로 이어져 갔던 것입니다.

무엇이든지 하나이면 갈등이 생기지 않습니다. 선악을 알게 하는 나무의 열매는 선악이라는 갈등이 생기게 합니다. 두 가지가 있다면 갈등이 생깁니다. 그래서 저는 가정 문제를 다룰 때에도, 가정의 의견이 하나이면 문제가 없지만 둘이면 갈등이 생긴다고 말합니다. 가정의 의견이 그리스도로 집중이 되어 하나로 모아진다면 가정은 갈등이 있을 수가 없습니다. 질투와 경쟁도 있을 수가 없습니다. 하지만 남편의 의견, 아내의 의견 등 서로 주장되는 두 가지 의견으로 대립된다면 결코 가정이 하나 될 수 없을 뿐만 아니라 해결될 수 없는 영원한 갈등 가운데 들어가게 됩니다.

선악의 기름부음은 이렇게 비교하게 만들어서 질투를 유발하고, 다른 의견들을 드러내어 갈등을 느끼게 합니다. 그래서 싸우고 연합이 깨어지게 되는 것입니다. 저는 교회에서 의견이 다를 때에 편이 갈라지고, 서로가 싸우는 것을 많이 보았습니다. 의견이 다른 것을 존중해주고 이해해 준다면 문제가 없을 텐데, 의견이 다르다는 것은 곧 상대방이 틀리기 때문이라고 생각하여 지속적으로 문제를 삼고 싸우게 됩니다.

선악을 알게 하는 나무의 실과는 갈등을 느끼게 하고 질투를 가지고, 살해하고 싶은 마음까지 이끌어갑니다. 그리고 실제로 행동으로 옮기게 합니다. 가인이 가지고 있었던 이 질투, 이것은 인류 역사의 시작부터 지금까지 모든 공동체를 파괴하는 요소가 되었습니다. 이 기름부음으로부터 우리가 자유하려면 우리는 의의 기름부음, 생명의 기름부음으로 뿌리를 바꾸는 기름부음을 받아야 합니다.

악한 열매:
땅이 사람을 저주하다

"땅이 그 입을 벌려 네 손에서부터 네 아우의 피를 받았은즉 네가 땅에서 저주를 받으리니 네가 밭을 갈아도 땅이 다시는 그 효력을 네게 주지 아니할 것이요 너는 땅에서 피하며 유리하는 자가 되리라"(창 4:11,12).

선악을 알게 하는 나무의 열매를 먹음으로 인하여 이 땅에 저주가 들어왔습니다. 뱀이 제일 먼저 저주를 받습니다.

"네가 모든 가축과 들의 모든 짐승보다 더욱 저주를 받아 배로 다니고 살아 있는 동안 흙을 먹을지니라"(창 3:14).

땅이 사람으로 말미암아 두 번째로 저주를 받게 됩니다.

"아담에게 이르시되 네가 네 아내의 말을 듣고 내가 네게 먹지 말라 한 나무의 열매를 먹었은즉 땅은 너로 말미암아 저주를 받고 너는 네 평생에 수고하여야 그 소산을 먹으리라"(창 3:17).

땅의 저주는 사람의 저주와 함께 연결됩니다. 아담이 받는 저주와 함께 땅도 저주를 받습니다. 땅이 아담으로 말미암아 저주를 받는다고 했는데 이러한 저주는 곧 이어서 가인이 아벨을 죽일 때에 더 큰 저주로 연결됩니다. 땅이 사람을 저주하게 된 것입니다. 저주는 저주를 낳습니다.

땅이 사람을 저주함으로 말미암아 인간은 땅에서 유리하는 사람이 되었고, 두려움과 안식을 잃어버린 사람으로 일생을 살아가게 됩니다. 이제 땅은 피를 양식으로 삼게 되었고 더욱 많은 피를 받아 먹으려고 하게 되었습니다. 땅은 사람을 저주하는데 그 저주의 마지막은 피 흘리며 죽는 것입니다. 그래서 땅에는 온갖 살인, 전쟁, 낙태 등 피 흘리는 일이 난무하게 되었습니다. 그러한 피 흘림의 뒤에는 사탄의 역사가 있는 것입니다. 피 안에 생명이 있지만 몸 밖으로 흘러나오는 피는 이미 죽음을 상징합니다. 사탄은 땅이 사람을 저주하게 하면서 인간이 안식을 잃어버리게 합니다.

그래서 나타나는 가장 큰 증상은 첫째 땅에서 소산의 풍성함이 없어지는 것이며 엉겅퀴가 남으로 인해 사람들에게 수고한 결과대로 열매가 맺히지 않게 된 것입니다. 365일 일찍 일어나고 늦게 누우며 일해도 그 일한 열매가 헛되게 돌아오게 되었습니다. 사업을 해도 제대로 되지 않고 투자한 것만큼, 수고한 것만큼 열매가 맺히지 않는 것도 바로 선악을 알게 하는 나무를 먹고 저주를 받은 결과인 것입니다.

"너희가 일찍이 일어나고 늦게 누우며 수고의 떡을 먹음이 헛되도다. 그러므로 여호와께서 그의 사랑하시는 자에게는 잠을 주시는 도다"(시 127:2).

두 번째, 땅이 사람을 저주함으로 말미암아 이 땅이 죽음을 계속 부르고 있다는 사실입니다. 전쟁도, 낙태도, 살인강도도 바로 이러한 선악을 알게 하는 나무의 열매를 먹음으로 악한 기름부음을 받았기 때문입니다. 선악을 알게 하는 나무의 실과를 먹음으로 선한 열매도 맺히고 악한 열매도 맺히는데, 이러한 살인과 전쟁, 낙태는 악한 열매인 것 같습니다. 바리새인들이 도덕적으로 잘 살려고 하는 것은 선한 열매이지만, 이러한 땅으로부터 받는 저주로 인해 가장 악한 열매가 맺히게 된 것입니다.

질투가 불 같이 일어난 가인은 동생을 죽이면 하나님의 사랑을 받을 수 있다고 생각했고, 사울은 다윗을 죽이면 백성들의 사랑을 한 몸에 받을 수 있다고 생각을 했습니다. 헤롯 왕도 역시 예수님을 죽이면 자신이 왕 대접을 받을 수 있다고 생각했습니다. 그들은 하나님의 호의가 이분법적으로 이루어진다고 생각했습니다. 더 나은 호의를 받는 사람이 있다고 생각한 것입니다. 그러나 아닙니다. 하나님의 사랑은 공평하고 누구에게나, 만인에게 주시는 사랑입니다. 저 사람이 받을 사랑 때문에, 내가 못 받는 것이 아닙니다.

결손가정의 자녀들이나 또한 거리의 부랑아들이 악한 일에 참여하는 것도 역시 선악을 알게 하는 나무의 열매를 먹었기 때문입니다. 그러나 그러한 악한 기름부음도, 선한 기름부음도 이 모든 것이 한 뿌리, 죽음이라는 뿌리에서 나온다는 것을 기억해야 합니다.

세 번째, 땅이 사람을 저주함으로 말미암아 안식을 잃어버리게 되었습니다. 유랑하는 사람들이 되었습니다. 땅의 축복을 받으면서 쉬어야 하는데 땅으로부터 저주를 받고 땅이 화가 나서 사람들을 내쫓아버리니까, 자연히 어디에서도 쉴 수가 없는 것입니다. 두려움을 갖고 거리로 쫓겨나간 가인은 누군가가 자신을 죽일 것 같아서 하나님 앞에 도움을 청하러 옵니다. 자신이 범한 죄악에 대한 심판을 받은 가인은 누가 와서 죽이지 않는다고 하여도 스스로 마음 속에 두려움을 갖고 죽음을 향하여 가고 있습니다. 누가 아무 해도 끼치지 않았음에도 불구하고 심령 깊은 곳에서 두려움으로 심판을 주고 있었습니다. 그리고 그 쉴 수 없는 마음 자체가 이미 심판인 것입니다.

네 번째, 땅이 사람을 저주함으로 말미암아 소산이 없어지게 되고, 땅도 병이 들게 되었습니다. 땅이 치유가 필요하게 되었습니다. 땅이 치유를 받아야 소산이 풍성해지는 것입니다. 아름답고 풍성한 열매가 맺히게 되는 것입니다. 그러기 위하여 백성들이 악한 길에서 떠나 회개하고 하나님 앞에 나와야 합니다. 하나님의 얼굴을 구하여야 합니다.

"내 백성으로 일컫는 내 백성이 그들의 악한 길에서 떠나 스스로 낮추고 기도하여 내 얼굴을 찾으면 내가 하늘에서 듣고 그들의 죄를 사하고 그들의 땅을 고칠지라"(대하 7:14).

"그날에 여호와의 싹이 아름답고 영화로울 것이요 그 땅의 소산은 이스라엘의 피난한 자를 위하여 영화롭고 아름다울 것이며"(사 4:2)

악한 열매:
반드시 죽여라! 낙태하라!

"하나님이 그들에게 복을 주시며 하나님이 그들에게 이르시되 생육하고 번성하여 땅에 충만하라 땅을 정복하라 바다의 물고기와 하늘의 새와 땅에 움직이는 모든 생물을 다스리라"(창 1:28).

하나님이 가장 원하시는 것은 인간이 생육하고 번성하고 땅에 충만하는 것입니다. 하나님이 만드신 이 지구 위에 충만한 인생들이 펼쳐지기를 원하셨습니다. 무조건 많은 사람들이 땅을 덮는 것이 아니라 예배자의 찬양으로 지구가 덮여지기를 원하신 것입니다. 그래서 생육하고 번성하도록 명령하셨습니다.

그런데 땅이 피를 먹음으로 말미암아 하나님의 이 계획은 무산되는 것 같았습니다. 아니면 하나님의 신성한 생명 계획에 대하여 인간의 사악함이 도전장을 내민 것입니다. 이제 생육하고 번성하는 것이 아니라 죽음의 행진이 시작되었습니다. 반드시 죽으리라고 말씀하셨는데, 이제는 '반드시 죽여라' 라는 명령을 사탄으로부터 받습니다. 이것은 하나님으로부터 오는 것이 아니라 공중 권세 잡은 자로부터 오는 것입니다. 이것이 선악을 알게 하는 나무의 열매를 먹은 결과 중에 가장 악한 것입니다. 왜냐하면 생명을 죽이는 일이기 때문입니다. 간접적으로 매이는 것이 아니라 하나님의 생명사역에 직접적인 대적이 시작되는 것입니다. 하나님의 생명을 살 기회도 없이 죽여 버리는 것, 이것이 이제 인간들이 땅으로부터 저주를 받으면서 더 큰 저주에 동참하게 됩니다.

전쟁을 하라!
살인을 하라!
태아를 낙태하라!
아직 생명으로 태어나지 않았으니 낳기 전에 죽여 버려라!

땅은 더 오염되고 부패하게 됩니다. 하지만 땅은 계속 피를 부릅니다. 그 피를 먹기 위한 길은 여러 가지가 있습니다. 전쟁이 나면 더 많은 피를 먹을 수가 있습니다. 살인강도도 더 많은 피를 먹을 수가 있습니다. 하나님은 생명 주시기를 원하시는데 사탄은 죽음을 계속 부르고 있습니다.

성도들도 이런 악한 기름부음에 동참하는 경우가 너무나 많습니다. 그것 가운데 가장 쉽게 할 수 있는 것이 낙태입니다. 낙태는 살인입니다. 하나님이 가장 싫어하시는 살인입니다. 하나님은 살리려고 하는데 하나님이 주신 생명을 인위적으로 죽이는 일에 동참하는 낙태는 사탄이 가장 기뻐하는 일입니다.

우리는 선악을 알게 하는 나무의 열매에 동참하지 않는 것처럼 느끼고 있지만 낙태를 하였다면 악한 기름부음에 참여한 것입니다. 이것은 구체적으로 땅의 저주로부터 나옵니다. 단순히 땅의 소산이 나지 않는 것뿐만 아니라 생육하고 번성하는 자손이라는 소산이 죽어버리는 일인 것입니다. 그래서 정말 하나님을 대적하고, 하나님의 선물을 죽여 버리고, 살인에 동참하는 것이 낙태입니다.

소산이 없는 것 가운데 자녀의 소산이 없는 것처럼 큰 것은 없습니다. 이것이 가장 가슴 아픈 일입니다. 열매 가운데 가장 큰 열매가 생명 열매입니다. 우리가 어떤 소산을 가지고 있다고 하여도 이 생명 열매와는 비교가 되지 않을 것입니다. 생명에는 값을 계산할 수 없습니다. 이 생명은 하나님을 찬양하는 능력이 있고, 하나님의 창조 앞에서 경배하며 그 무릎을 꿇을 수 있는 능력이 있습니다.

"땅이 그 입을 벌려 네 손에서부터 네 아우의 피를 받았은즉 네가 땅에서 저주를 받으리니 네가 밭을 갈아도 땅이 다시는 그 효력을 네게 주지 아니할 것이요 너는 땅에서 피하며 유리하는 자가 되리라"(창 4:11,12).

하나님은 생명사역을 통하여 찬양받으시고 영광 받으시고 하나님이 하나님이 되시기를 원하셨습니다.

"내 이름으로 불려지는 모든 자, 곧 내가 내 영광을 위하여 창조한 자를 오게 하라 그를 내가 지었고 그를 내가 만들었느니라"(사 43:7).

만일 우리가 태아를 죽여 버렸다면 곧 하나님의 영광을 드러낼 예배자와 찬양자를 죽인 것입니다. 이것이 사탄의 전략입니다. 사탄은 죽이는 것이 목적입니다. 가장 구체적인 것은 하나님의 예배자들을 싹도 나기 전에 죽여 버리는 것입니다. 이러한 사탄의 전략에 성도들까지도 동참하고 있으니 얼마나 무서운 일입니까? 살리시는 것이 하나님의 의지인데, 소산을 죽이고, 생명을 죽이는 일에 성도들이 자진하여 손에 피를 묻히다니요! 이것은 죄악 중의 죄악이며, 하나님의 영광에 도전하는 일 중의 가장 큰일입니다.

저는 낙태한 사람들의 손을 만져보면 낙태를 했는지 알 수 있도록 하나님께서 감각을 주셨습니다. 교회에서 너무나 많은 사람들이 아무렇지도 않게 낙태를 한 과거가 있다는 것을 알면 너무 놀라운 일입니다. 그리고 여러 가지 사정으로 말미암아 태아를 죽인 것을 정당화하고 합리화하고 있습니다. 어떤 사정과 형편이 있었다 할지라도 그것은 용납되지 않습니다. 정말 태아로 인하여 산모가 죽게 되었다고 할 때, 우리는 낙태를 의학적으로 고려하기도 합니다. 하지만 의학에서 말하는 것은 가장 절망적인 상태를 미리 말하기 때문에 그 말만 듣고 두려워하며 하나님께 기도하고 길을 찾아보지도 않고 낙태를 너무 쉽게 하는 경우들이 많습니다.

그리고 낙태한 가정에서 계속 불임이 나타나는 것도 보았습니다. 하나님이 주신 생명을 살인하였는데 하나님이 계속해서 생명의 선물을 그 가정에게 줄 필요가 없는 것입니다. 이미 낙태를 함으로 하나님의 생명사역에 도전장을 내고, 사탄의 수하가 되어 악한 기름부음의 종노릇하게 되었기 때문에 그 가정은 가장 귀한 선물, 생명을 더 이상 받을 자격이 없습니다. 이것은 딸에게만 해당되는 것이 아니라 아들에게도 해당됩니다. 저는 의학적으로 문제가 없는 사람들이 임신을 못하는 경우들을 너무나 많이 보아왔는데, 가장 많은 원인이 낙태에 있었습니다.

시대적으로 불임이 늘어나고 있습니다. 모든 것이 이러한 낙태로부터 나타나는 것은 아닙니다. 신체적으로 문제가 있어서 임신이 안 되는 경우도 있고, 시대적으로 전자파와 같은 것의 영향으로 정자수가 줄어서 임신이 안 되는 경우도 있습니다. 그러나 낙태도 그 이유 중의 가장 중요한 이유라는 것을 인식해야 합니다.

생명은 하나님만이 주실 수 있으며, 그 생명을 통하여 하나님은 온 지구가 찬양으로 덮이기를 원하십니다. 생육하기를 그렇게 원하십니다. 그래서 하나님은 최고의 선물, 생명을 누구에게나 주십니다. 그런데 어떤 가정에서는 감사하게 받지 않고 오히려 그 선물을 죽여 버립니다. 그 생명이 전적으로 내 것이 아님에도 불구하고 함부로 인간이 살 권리를 박탈합니다.

어느 교회 전도사님의 사모님에게 집회 마지막 날, 너무나 많은 축사가 일어났습니다. 알고 보니 낙태를 하셨던 것입니다. 제가 물어보니 3명의 자녀를 낙태했다고 합니다. 왜 그렇게 많은 아이들을 죽였느냐고 물어보았더니 "너무 생활이 어려워서 아이들을 못 키울 것 같아서 낙태를 했다."고 대답을 했습니다. 그리고 그분은 울며 통곡하며 회개하셨습니다. 전도사님 가정에서 태아들을 3번씩이나 계속해서 죽일 수 있었다는 그 무지와 용기가 너무나 놀라웠습니다. 하나님을 두려워하지 않았던 가정 같습니다. 일반 성도도 아니고 교역자 가정에서 이러한 일들이 아무렇지도 않게 일어난다는 것이 놀랍습니다.

미국에서도 낙태반대론자가 있는가 하면 정부 입장에서 낙태를 허용하자는 주장도 있습니다. 저는 낙태는 하나님께서 행하시는 생명사역에 가장 무서운 도전장을 내미는 것이라고 생각해서 반대합니다.

어떤 처녀의 손을 잡고 제가 기도하는데 금방 수백 명의 태아가 죽은 낙태의 기운을 제가 느꼈습니다. 그 처녀는 자신은 아직 결혼하지 않았고 한 번도 임신한 적이 없었다고 하였습니다. 그래서 저는 혹시 어머님이 낙태한 적이 없느냐고 물어보았습니다. 그러다 놀라운 사실을 발견하였습니다. 그녀의 아버님은 산부인과 의사인데 계속 낙태를 시술하고 있다고 하였습니다. 아버님의 죄악이 이 처녀의 몸에 남아있었습니다. 이 처녀는 결코 임신을 할 수 없을 것입니다. 이 낙태의 죄악으로 인하여 이 가정을 죽음의 영이 장악하기 시작하였기 때문입니다. 하나님께 용서를 구하고, 생명사역에 전적으로 참여하기 전에는 그 여인도 역시 죽음의 영으로부터 자유할 수가 없을 것입니다.

죽음의 영이 평생을 자신을 지배하고 있는지도 모르고 모두가 살고 있습니다. 죽음의 영이 임하는 사람들은 자살충동과 연약함과 그리고 기도에 깊이 못 들어가는 고통을 겪으면서 살게 됩니다. 얼마나 힘든 인생을 살아가는지 모릅니다. 낙태를 우습게 하는 모든 사람들이 다시 한 번 땅의 저주와 함께 회개하고 하나님 생명 사역에 동참해야 할 것입니다.

하나님은 그토록 살리기를 원하는데, 사탄은 그토록 죽이기를 원합니다. 생명사역과 죽음사역, 우리는 생명사역에 손을 들어주어야 합니다. 사탄은 많은 인간을 죽이면서 그들이 하나님의 예배자로 나오지 못하도록 막고 있는 것입니다.

또한 우리는 낳기 전에 태아의 성을 감별하여 딸이면 낙태하는 경우도 많았습니다. 그래서 어린아이들 가운데 남자의 비율이 더 높아져 버렸습니다. 앞으로 이 아이들이 결혼할 나이가 될 때는 정말 결혼도 어려워질 것입니다. 그러지 않아도 요사이 결혼 적령기가 자꾸 늦어지며 결혼이 필요 없다고 생각하는 사람들도 점차 늘어나고 있어서 이 생명사역에 빨간 불이 켜지고 있는 상태입니다.

모슬렘이나 이방 종교에서는 자녀들을 많이 낳고 있는데 기독교인들은 점차 아기들을 낳지 않고 있습니다. 이대로 가면 모슬렘이 세계를 장악할지도 모릅니다. 알라를 섬기고, 알라를 찬양하는 목소리가 전 세계를 덮을 수도 있습니다.

이러한 생명의 비밀을 우리 모두가 알아야 합니다. 자녀들에게도 가르쳐주어야 합니다. 너무 쉽게 낙태를 결단하는 젊은이들에게 인식을 시켜주어야 합니다. 혼전임신도 많이 늘어가고, 자연적으로 그 태아들은 죽음으로 연결되는 경우가 많아집니다. 하나님께서 얼마나 마음이 아프실지 저의 마음도 괴롭습니다. 하나님이 주신 생명의 선물을 죽이고 거부하면서도 여전히 하나님께 나와서 축복을 구하는 성도들이 있습니다. 위대한 선물, 누구도 줄 수 없는 생명의 선물을 거부하고, 값나지 않는 것들만 열심히 구하는 모순, 이제 왜 낙태가 이렇게 무서운 것인지 알고 주님 앞에 나와서 회개해야 할 때입니다.

이스라엘 역사도 끊임없이 생명을 위협받는 역사였습니다. 모세가 태어났을 때에도 산파들을 통하여 남아들은 모두 죽이라고 하는 명령을 받았습니다. 히브리 산파들은 아기들을 죽일 수가 없었습니다. 바로의 명령도 무섭지만 그 산파들은 바로를 넘어서시는 창조주 하나님을 바라보며 바로의 명령을 거부합니다. 생명을 살려놓습니다. 그래서 모세도 살게 됩니다. 또한 에스더서에서도 유대인들이 씨가 마를 위기에 놓입니다. 하나님께서는 역시 그 유대인들도 모두 살려주십니다. 그래서 감사해서 지키는 절기가 부림절입니다.

그리고 히틀러에 의하여 유대인 600만 명이 학살되었습니다. 말이 그렇지 600만 명의 시체가 즐비하게 누워있다면 그 행렬이 얼마나 길겠습니까? 서울의 인구 두 명 가운데 한 명이 죽어서 누워있는 경우와 같습니다. 중동에서는 그 작은 이스라엘을 퍼서 지중해에 버리겠다고 위협하는 가운데 있습니다. 하나님은 이러한 이스라엘을 위기 가운데 지켜주고 계시며 그 생명을 보존하고 계십니다. 사탄은 이렇게 죽음으로 인류를 몰고 가지만 하나님은 어떻게 해서든지 생명으로 가는 길을 열어주고 계십니다. 이렇게 생명을 소원하시는 하나님의 의도와는 달리 스스로 생명을 죽여 버리는 것은 사탄이 가장 박수칠 일입니다. 사탄이 너무 좋아서 춤을 출 일입니다. 낙태는 사탄에게 가장 기쁨을 주는 일입니다. 이 악한 열매가 이 땅에서 근절되어야 합니다. 하나님의 심장에서 눈물이 흐르지 않도록 낙태는 이 땅에서 사라져야 합니다.

선악을 알게 하는 나무의 열매를 먹으면 정녕 죽는다고 말씀하셨는데, 뱀은 와서 그렇지 않다고 부인합니다. 단지 "눈이 밝아 하나님같이 된다."라고 말하면서 하와를 유혹합니다. 선악을 알게 하는 나무의 열매를 먹으면 그렇게 하나님과 같이 됩니다. 하나님과 같이 되었기 때문에 태아를 살인할 수가 있는 것 같습니다. 내가 하나님이니까, 내 아기, 내가 마음대로 할 수 있다고 생각합니다. 생명을 죽이고 살리는 권한을 가진 하나님처럼 행동을 하게 됩니다. 이것이 낙태의 영적인 뿌리입니다.

사정상 낙태를 한 것 같이 생각할지 모르지만 낙태의 근본 뿌리는 하나님처럼 행동한 데서 시작됩니다. 생명까지도 자기 마음대로 할 수 있는 권한을 가진 것처럼 착각하게 하는 것입니다. 태아를 낙태한 것은 태아에 대한 권한이 자기에게 있다고 생각한 것이고, 그 태아의 생존권이 자기에게 있다고 믿었기 때문입니다. 자기는 아무렇지 않게 생각한 이면에는 이런 영적인 뿌리가 자리 잡고 있었던 것입니다. 낙태는 하나님의 자리에 자기가 앉아서 결정을 내린 결과입니다. '눈이 밝아 하나님과 같이 되어 버린' 죄인들이 할 수 있는 가장 악한 행동이 낙태입니다. 안 믿는 사람들이 이런 오류를 범할 수 있다고 생각할지 모르지만 그리스도인들도 너무나 많은 낙태를 합니다. 제가 부흥회를 인도하다 보면 여성도들 사이에 거의 30%는 낙태를 했었다고 고백합니다. 이미 그리스도인 된 경우에도 낙태를 하고, 사모님들도 낙태를 너무 많이 하고 있습니다. 이것이 바로 선악을 알게 하는 나무의 실과를 먹은 결과입니다.

선한 열매:
도덕과 종교

"그때에 예수께서 안식일에 밀밭 사이로 가실새 제자들이 시장하여 이삭을 잘라 먹으니 바리새인들이 보고 예수께 말하되 보시오 당신의 제자들이 안식일에 하지 못할 일을 하나이다 예수께서 이르시되 다윗이 자기와 그 함께 한 자들이 시장할 때에 한 일을 읽지 못하였느냐"(마 12:1-3).

선악을 알게 하는 나무의 열매를 따 먹으면서 인류에게 들어온 것은 죽음입니다. 하나님께서는 이것을 먹으면 정녕 죽으리라고 말씀하셨습니다. 왜냐하면 이것을 먹으면 선악을 알게 되기 때문이고, 이 선악으로 인해 구원이 있을 수가 없기 때문입니다. 선악이라는 단어는 도덕적인 단어입니다. 물론 우리 하나님은 절대적으로 선하시다는 하나님의 특성이 있기는 하지만 여기에서 말하는 상대적인 선은 도덕에서 말하고 있는 선함입니다.

선과 악이라는 열매가 선악을 알게 하는 나무의 열매입니다. 선과 악을 알게 할 뿐만 아니라 선악의 갈등을 느끼게 하는 것도 바로 이 열매입니다. 한 나무에 선과 악이라는 열매가 맺히지만 뿌리는 여전히 죽음이라는 한 뿌리입니다. 선한 열매로부터 이러한 선한 사람들이 나옵니다. 도덕적으로 살고 종교적으로 살면서 남에게 피해를 주지 않고 살아가는 선하고 착한 사람들도 선악을 알게 하는 나무의 열매입니다.

선악을 알게 하는 나무, 이것을 깨닫게 되면 성경 전체가 열립니다. 결국 성경에는 생명의 기름부음(순종의 기름부음)과 선악의 기름부음(불순종의 기름부음)이 있다는 것을 알게 되기 때문입니다. 하나님이 원하시는 것은 선과 악이 아닙니다. 하나님이 원하시는 것은 의(義), 거룩함입니다. 다음에 뿌리를 바꾸는 기름부음에서 자세히 말씀을 드리려고 합니다. 그곳에서 자세하게 의(義)의 기름부음이 무엇인지 알게 되실 것입니다.

우리가 살아가다 보면 주위에 선한 사람들이 너무나 많이 있습니다. 이 선한 사람들, 친절한 사람들, 온유한 사람들로 인하여 참으로 따뜻하고 아름다운 공동체가 형성이 됩니다. 감동이 뜨겁게 일어나는 인간승리의 뒷면에는 이렇게 선하게 살고자 하는 사람들이 있게 마련이고, 이러한 스토리들은 모두를 감동시키기에 부족함이 없습니다. 종교를 떠나서, 민족을 떠나서 이런 인간승리의 이야기들이 모두가 이 따뜻한 마음속에 하나가 되고 싶은 열망을 가지게 합니다.

그래서 종교의 연합 사업이 아름답게 느껴지고, 너무 독단적으로 타 종교와의 대화를 금하게 되면 모든 이들에게 덕이 되지 못하는 시대가 되었습니다. 불교 사찰 앞에도 성탄절에 예수탄생을 축하

하는 메시지들이 붙기 시작했고, 불교 행사에 많은 기독교인들과 천주교인들이 함께 참여하면서 부처의 생일을 축하하는 일들이 일어나기 시작하였습니다. 그렇게 종교연합에 앞장서는 지도자들이 인기를 얻게 되고, 그러한 종교에 많은 분들이 호감을 가지게 됩니다.

그러나 우리는 알아야 합니다. 선한 것이 좋은 것이 아니라는 것을, 선한 것이라고 해서 이 모든 것이 하나님이 기뻐하시는 것이 아니라는 사실입니다. 하나님은 선하신 분이시지만 도덕적인 선이 곧 하나님의 자녀가 되는 길은 아닙니다. 선이라고 하는 것도 역시 믿음의 열매가 되어야 합니다. 우리가 선하기 때문에 신앙을 가지는 것이 아니라 신앙을 가지기 때문에 하나님의 선(善)이라는 열매가 우리에게 맺히는 것입니다. 하나님의 선은 절대적인 그분의 인품입니다. 누구와 비교해서 선하신 것이 아니라 그분이 가지고 계신 절대적인 인품을 나타내는 것입니다. 선악이라는 구분에서의 선이 아니라 절대적 자비(mercy)가 있으신 분이라는 뜻입니다.

그렇다면 도덕적인 선은 무엇입니까? 이것은 상대적인 선입니다. 악한 것에 비하여 선한 것입니다. 그래서 모든 사람들은 이 둘 중의 하나를 선택하며 삽니다. 나는 선하게 살겠어. 나는 악하게 살겠어. 이렇게 두 종류의 사람으로 구분됩니다.

성경에 나오는 바리새인을 만나보겠습니다. 바리새인들은 성경에 대하여 박식한 사람들이고 그 당시 종교지도자들입니다. 그들은 너무 엄격하게 말씀을 따르기 위하여 자신들이 또 다른 법들을 제정하였고, 그 법을 성실하게 지키는 사람들입니다. 하지만 그들이 법을 열심히 지킨다고 해서 믿음이 생기는 것이 아닙니다. 하나님은 지키는 자들을 원하는 것이 아니라, 하나님을 믿는 자들을 원하십니다.

바리새인들은 이 도덕적 선과 관계를 맺습니다. 그들은 결코 악하게 살지 않습니다. 남에게 나쁜 일을 하지 않고, 종교적으로 악한 일을 하지 않습니다. 그들은 성실하고, 모범적이고, 사회에서 존경을 받는 사람들입니다. 하지만 이런 사람들에게 하나님은 천국이 저희 것이라고 말씀하시지 않으셨습니다. 그들은 망할 자들이고, 천국에서 그들을 찾아볼 수 없을 것이라고 말씀하셨습니다.

"화 있을진저 외식하는 서기관들과 바리새인들이여 너희는 천국 문을 사람들 앞에서 닫고 너희도 들어가지 않고 들어가려 하는 자도 들어가지 못하게 하는도다"(마 23:13).

"맹인 된 인도자여 하루살이는 걸러내고 낙타는 삼키는도다"(마 23:24).

"뱀들아 독사의 새끼들아 너희가 어떻게 지옥의 판결을 피하겠느냐?"(마 23:33).

왜냐하면 이들이 율법을 지키는 자이기는 하지만 믿음에 있어서 죽은 자이기 때문입니다. 도덕적인 법을 잘 지킨다고 해서 그들에게 구원이 있는 것은 아닙니다. 도덕적인 것은 인생을 잘 살아가는 규례가 될지 모르지만, 천국에 이르는 길은 결코 될 수가 없습니다.

그래서 부자 청년도 하나님 나라에 들어가지 못했던 것입니다. 그는 모든 규례를 다 지킨 사람이지만 예수님은 한 가지가 부족하다고 말씀하셨습니다. 구원에 이르기 위하여 무엇을 해야만 한다고 생각하는 부자 청년에게 예수님은 모든 것을 다 팔아 가난한 자들에게 주고 나를 따르라고 하셨습니다. 그 한 가지 부족한 것은 믿음의 실천이요, 사랑이었습니다. 자신이 율법을 지킨다고 하면서 이웃과의 관계에서 사랑이 실천되고 있지 않은 부자 청년, 그리고 구원을 무엇을 함으로 얻으려고 하였던 이 부자 청년은 결코 구원이 쉬운 것이 아님을 알게 됩니다.

제자들이 예수님에게 그러면 누가 구원을 받겠느냐고 물어보았을 때, 예수님은 사람은 할 수 없으되 하나님께서 하실 수 있다고 말씀하셨습니다.

그리고 이어서 삭개오의 이야기가 나옵니다. 삭개오는 무엇을 함으로 구원을 받은 것이 아니라, 예수님을 만남으로 구원을 얻게 되었습니다. 그리고 재산을 나누어주는 것은 믿음의 열매였지, 도덕적 선이 아니었던 것입니다.

이러한 종교, 도덕이 생명의 자리를 대치하고 있는 현실에서 본다면 현대의 교회도 죽은 교회가 많은 것 같습니다. 전통주의, 교권주의, 종교외식주의에 빠진 교회들이 하나 둘이 아닙니다. 당연히 교회에서 일어나야 할 생명의 사역들, 치유와 축사의 사역들이 교회에서 배척당하고 있습니다.

선과 악이라는 것은 결코 우리에게 구원을 줄 수 없습니다. 선하게 살아도 뿌리는 죽음입니다. 악하게 살아도 뿌리는 죽음입니다. 이것은 율법으로 말미암아 구원을 못 받는 것과도 같습니다. 율법은 단지 지키는 것입니다. 도덕도 지키는 것입니다. 지키는 것에는 한계가 있습니다. 율법을 지키다가 한 가지만 범해도 그것은 모든 율법을 범하는 것과도 같습니다. 지키는 것에 소망이 있다고 한다면 이것으로 인해 구원받는 자는 세상 어디에서도 찾을 수가 없을 것입니다.

바리새인들은 안식일에 병자를 고치는 것, 안식일에 밀 이삭을 먹는 것 등 예수님의 사역에 있어서 옳고 그름의 시비를 걸고 있습니다. 이것이 도덕입니다. 이것이 종교입니다. 이러한 선악의 잣대로 예수님의 목회를 비판하는 바리새인들은 죽은 자들입니다.

요한복음은 바로 이러한 생명과 종교의 갈등이 주제였습니다. 바리새인들은 생명의 그리스도를 죽이려고 했습니다. 자신의 종교와 맞지 않았기 때문입니다. 백성들이 생명을 얻어 자신들의 기득

권이 빼앗길 것 같으니까 두려웠습니다. 그래서 생명을 얻지 못하도록 예수 그리스도의 사역을 죽이는 일에 열심이었습니다.

예수님께서 순교의 열심으로 복음을 전할 때에, 바리새인들도 종교의 열심으로 복음의 전파를 막았습니다. 바리새인들은 그것이 자신의 신앙고백이라고 생각했을지 모르지만 그러나 그것은 믿음이 아니라 종교였습니다. 그 대표가 사도 바울입니다. 사도 바울은 그리스도인들을 죽이고 박해하는 것이 살아있는 믿음을 가진 자의 옳은 행위라고 생각하였습니다. 바리새적인 영성에 매여 있었습니다. 그러나 그에게 생명의 기름부음이 부어졌을 때, 그러한 것들이 배설물과 같은 것임을 고백하였습니다.

이것이 바로 선악을 알게 하는 나무의 실과를 먹은 자들의 참담한 현실입니다. 도덕으로는 구원을 받지 못합니다. 아무리 잘 지켜도 율법을 지키는 데에는 한계가 있습니다. 하나님께서는 당신이 원하는 것이 선악의 기름부음이 아니라 생명의 기름부음, 의(義)의 기름부음이라고 말씀하고 계십니다. 거룩한 기름부음이라고 말씀하십니다. 이것만이 우리를 구원에 이르게 하며, 그러한 생명이 또 생명을 낳게 됩니다.

여러분들은 과연 어떤 기름부음 안에 있는지요?

선한 열매:
두 가지 관점으로 비교하다

선악을 알게 하는 나무의 열매를 먹은 결과는 사람들이 선악을 알게 되게 되었다는 것입니다. 그 전에는 두 가지 관점이 없었는데 지금부터는 선과 악이라는 두 가지 관점을 가지게 되었습니다.

예를 들어보겠습니다. 살아가면서 우리는 언제나 옳고 그름, 선하고 악함, 잘하고 못함, 크고 작음, 예쁘고 못생김, 호감이 가는 것과 안 가는 것, 이러한 두 가지 잣대를 가지고 사람들을 평가합니다. 사람들을 처음 만날 때에도 평가부터 하고, 그 사람이 없을 때도 평가하고 교회서도 서로 평가합니다. 이러한 평가의 기준은 두 잣대에 있습니다.

다시 더 상세하게 예를 들어보겠습니다. 손님이 오셨을 때, 아이들을 소개할 때에도 꼭 무엇인가를 붙여서 소개합니다. "이 아이가 형보다도 훨씬 공부를 잘 하고 있어요. 이 아이는 동생보다 운동을 뛰어나게 잘 하고 있고요." 누군가와 서로 비교하여 아이들을 소개할 때가 많이 있습니다. 무엇인가를 덧붙여서 설명을 해야 그 아이들의 존재감이 더 빛나는 것으로 알고 있습니다.

다른 사람과 비교를 하지 않으면, 당사자의 과거와 비교합니다. "어머, 예전보다 많이 빠지셨어요. 예전보다 더 살이 찌셨네요. 어제보다 더 핼쑥해지셨어요." 등등 비교하는 것이 우리의 일상이 되었습니다. 이것이 바로 선악이라는 잣대, 두 잣대 때문입니다.

교회에서도 마찬가지입니다. 지난번 목회자보다 이러한 면이 부족하다는 등, 이전 목회자보다 이러한 면이 더 좋다는 등, 아니면 이 장로님이 저 장로님보다 더 순종형이라든지, 무엇인가를 비교하여 항상 말을 합니다.

이러한 비교는 아주 상대적인 것입니다. 자신이 예쁘다고 생각하는 사람들은 더 예쁜 사람들을 만나게 되면 비교가 되어 상대적으로 자신이 못생겼다고 생각하게 됩니다. 비교는 한 사람을 실패자로 만듭니다. 하지만 하나님 앞에서는 모두가 소중하고 귀한 존재입니다.

40여 년 동안 목회를 하면서 가장 힘든 것이 이러한 상대적인 비판과 평가를 한 몸에 받아야 한다는 것이었습니다. 교회가 부흥하자 목회자가 훌륭해서라고 말하지만 교회가 어려워지면 사모가 문제라서 교회가 어려워졌다는 말을 많이 듣습니다. 사모가 말을 안 하면 안 한다고 문제가 되고, 사모가 말을 하면 너무 말이 많아서 문제라고 합니다. 그리고 사모가 이러니, 저러니, 항상 말을 듣게 되는 것입니다. 그래서 저는 교회에서 많은 상처를 받았습니다.

주로 그들이 하는 이야기들이 "사모가 너무 아는 체 한다. 교만하다."라는 말들이었습니다. 그런데 제가 고등학교 동창회를 가면 "너무 겸손하다."는 평을 들었습니다. 어떤 것이 저의 진짜 모습인줄 모르지만, 어떤 이야기든지 저는 아니었고, 저에게 상처만 주었습니다.

생명의 나무는 기준이 하나입니다. 하나님은 생명이라는 잣대로 사람들을 평가합니다. 생명은 서로 비교가 되는 것이 아닙니다. 너무 소중한 것입니다. 생명 자체를 비교한다는 것은 말이 안 됩니다. 더 건강하고, 더 건강하지 않을 수는 있지만 생명으로 더 가치가 있고, 없다는 것을 말할 수는 없습니다.

하나님은 우리들을 남과 비교하여 말씀하시지 않습니다. 너희는 나의 자녀다, 너는 나의 신부다, 너는 나의 친구다. 이렇게 말씀하시면서 비교하지 않습니다. "너는 옆집에 사는 여자보다 아름답다."라고 말씀하시거나, "다른 자녀들보다 더 귀하다."라고 말씀하시지 않습니다. 하나님과 우리와의 관계는 어느 때나 개인적이고 최상이고, 독보적인 관계입니다. 하나님은 우리 존재 자체 하나로 평가하십니다. 생명은 비교를 할 수가 없습니다.

저도 결혼하면서 이 상처를 많이 치유 받았습니다. 저는 어렸을 때, 동생보다 못생겼다는 열등의식으로 고통 가운데 자라났습니다. 사람들은 동생을 더 귀여워하였고 함께 사진 찍기를 즐겨하였고,

동생에게 더 많은 호감과 관심을 보여주었습니다. 그래서 맛있는 것도 더 많이 먹게 되고, 언니들은 가보지 못하였던 유치원도 졸업을 하고 피아노도 배웠습니다. 그래서 저는 이렇게 결심하였습니다. "너는 예뻐서 사랑을 받는다면 나는 아파서 관심을 끌겠다." 그리고 매일 아팠습니다. 잘 안 먹고 아프다고 누워있고, 매일 힘없이 살았습니다. 그렇게 하니 부모님이 걱정이 되셨던지 귤 하나라도 더 주셨습니다.

그러다가 결혼을 하였습니다. 남편이 저만을 사랑해주었습니다. 아들과 딸을 낳았습니다. 그들이 언제나 엄마만을 사랑해주었습니다. 엄마가 세상에서 제일 예쁘다고 말해주었습니다. 그러니까 남과 비교하여 아플 필요가 없었습니다. 아프지 않아도 사랑해 주었습니다.

그러다가 생명의 하나님을 만났습니다. 하나님께서 저를 사랑하는 신부라고 불러주셨으며, 기름부음 받은 자라고 불러주시면서 저를 누구와도 비교하지 않으셨습니다. 하나님은 제가 이렇게 존재하는 것만으로 기뻐하셨고, 당신의 사랑을 아낌없이 저에게 쏟아주셨습니다. "사랑하는 신부야, 너를 밤새도록 찾아다녔다."라고 말씀하시는 주님으로부터 저의 자존감과 가치는 회복되었습니다. 사랑받을 만큼 예쁘다든지, 가치가 있다든지, 능력이 있지도 않았습니다. 주님은 단지 제가 '저' 이기 때문에 사랑하시는 것입니다. 저도 마찬가지입니다. 하나님께서 저에게 재물을 주시고, 건강을 주시고, 자녀를 주셔서 감사하는 것이 아닙니다. 그분이 '하나님'이시기 때문에, 그분이 '그분' 이시기 때문에 찬양하고 영광을 올려드리는 것입니다. 저는 그분이 주신 생명, 어떤 것으로도 가격을 흥정할 수 없고, 돈 주고 사고 팔 수 있는 것도 아닌 생명, 그 자체였습니다.

어디에서나 이러한 이중 잣대를 가지고 사람들을 평가하면서 상처를 받게 합니다. 어떤 사모님은 어렸을 때 "여우같이 생겼다."라는 말을 듣고 상처를 받았다고 합니다. 이것은 깜찍하게 생겼다는 뜻이었는데 사모님은 이 말로 인해 오랫동안 마음의 상처를 안고 있었습니다. 그래서 교인들과의 관계도 건강하지 않았다고 합니다. '내가 여우같이 생겨서 결국에 저 사람들도 나를 싫어하고 떠나버릴 거야' 라는 생각을 늘 하고 있었다고 합니다. 저의 메누하 모임에서 이 간증을 들었을 때, 우리는 새 이름을 그분에게 주었습니다. "여배우 같다."라고 다시 생각해보자고요. 여우같은 것이 아니라 아름답다는 뜻으로 다시 표현해서 자신의 자존감을 회복하도록 도와드렸습니다.

교회도 가정도 이러한 이중 잣대로 사람들을 묶어두기 때문에 상처를 받는 것은 물론, 교회에 오는 것이 부담이 되는 분들도 많습니다. 남을 평가한다는 것처럼 위험한 일은 없는데, 선악을 알게 하는 나무의 실과를 먹은 자의 후손들은 이러한 틀 가운데 사는 것이 인생인 줄 알고 사는 것입니다. 자신도 매이고, 남도 매이고, 그러면서도 얼마나 이것이 힘들고 상처가 되는지 모르고 살 수도 있습니다. 선악과는 우리들에게 이런 스타일의 인생을 살게 하였습니다. 그리고 그러한 일상을 우리는 살고 있습니다. 다른 이들에게 이러한 잣대로 돌을 던지기도 하고, 자신이 이러한 잣대로 다시 돌을 맞기도 합니다.

선한 열매:
내가 옳으냐? 네가 옳으냐?

"하나님이 너를 책망하시며 너를 심문하심이 너의 경건함 때문이냐 네 악이 크지 아니하냐 네 죄악이 끝이 없느니라 까닭 없이 형제를 볼모로 잡으며 헐벗은 자의 의복을 벗기며 목마른 자에게 물을 마시게 하지 아니하며 주린 자에게 음식을 주지 아니하였구나"(욥 22:4-7).

이제 선악을 알게 하는 열매를 먹음으로 공중 권세 잡은 자에게 받는 기름부음의 가장 중요한 핵심으로 들어갑니다. 선악의 열매가 한 나무에 달려있는 이 이상한 나무는 바로 옳고 그름을 따지는 기름부음의 근거가 됩니다.

욥의 이야기에서 우리는 친구들과 변론의 변론을 더하는 것을 보게 됩니다. 욥의 이야기 가운데 80%가 친구와의 변론으로 이루어져 있습니다. 욥의 앞부분과 뒷부분을 몇 장 빼고는 거의 전부가 친구들과의 변론입니다. 친구들은 욥이 옳지 않았다고 주장합니다. 어디엔가 숨은 죄악이 있다고 변론의 변론을 더합니다. 세 친구의 변론은 앞부터 끝까지 모두 똑같습니다.

"네 자녀들이 주께 죄를 지었으므로 주께서 그들을 그 죄에 버려두셨나니 네가 만일 하나님을 찾으며 전능하신 이에게 간구하고 또 청결하고 정직하면 반드시 너를 돌보시고 네 의로운 처소를 평안하게 하실 것이라"(욥 8:4-6).

친구들은 욥의 고난이 당연하게 죄의 결과라고 말합니다. 욥이 옳지 않았으므로 의로운 하나님께서 심판하시는 것이라고 말합니다. 이런 친구들에 대하여 욥의 마음에는 분노가 일어납니다. 입을 다물고 고통 가운데 있으려고 하였던 욥의 마음이 출렁이기 시작합니다. 정말 욥의 고난이 죄의 결과라고 한다면 친구들도 당연히 그런 고난에 들어가야 할 것입니다.

"나는 결코 너희를 옳다 하지 아니하겠고 내가 죽기 전에는 나의 온전함을 버리지 아니할 것이라"(욥 27:5).

"욥이 자신을 의인으로 여기므로 그 세 사람이 말을 그치니"(욥 32:1)

친구들이 그가 어떤 죄악을 범하였으므로 이렇게 고난 가운데 들어갔고, 그가 옳지 않았으므로 욥이 고통을 당한다는 것을 증명하기 위하여 수십 장의 욥기가 필요하였습니다. 그러자 욥은 자신도 너희보다는 더 의롭고 옳았다는 것을 증명하기 위하여 또 많은 분량의 욥기를 사용합니다. 네가 옳으냐? 아니면 내가 옳으냐? 이러한 변론이 계속되고 있습니다. 옳고 그름을 가리기 위하여 욥의 친구들은 욥을 위로하지 못했고, 결국 친구들이 오히려 괴롭게 하는 안위자들이 되었습니다.

"이런 말은 내가 많이 들었나니 너희는 다 재난을 주는 위로자들이로구나"(욥 16:2).

아마 우리들의 인생도 예외가 아닐 것입니다. 우리의 인생의 80%가 옳고 그름을 따지는 변론과 비난, 비판, 따짐으로 채워져 있으며, 우리의 목회의 80%가 이런 변론에 가득 차 있다는 것을 알게 될 것입니다.

저도 거의 40년 목회를 하였습니다. 제가 신학교 1학년부터 사역한 것을 계산하면 올해로 꼭 42년이 됩니다. 이러한 목회를 해 오면서 제가 가장 마음 아프게 생각하는 것은 저의 목회의 80%가 옳고 그름을 따지는 것으로 점철되었다는 사실입니다. 교인들도 목회자들을 볼 때 이러한 면에 초점을 맞추고 있습니다. 잘하고 있는 것, 못하고 있는 것, 교리적으로 맞는 것, 맞지 않는 것, 기독교 전통에 맞는 것, 기독교 전통에서 벗어난 것, 한국교회 전통에 어긋난 것, 그렇지 않은 것, 또한 목회자의 윤리에 합당한 것, 그렇지 못한 것, 성격과 인품이 제대로 된 것과 그렇지 못한 것, 이런 것들에 눈을 밝히고 비판하고 비난하고 서로를 상처를 주는 일로 점철되어 있다는 것을 알게 됩니다.

목회자들도 교인들을 볼 때 이런 데에 집중하게 됩니다. 주일은 잘 지키고 있는지, 십일조는 꼬박꼬박 내고 있는지, 목회자에 대하여 순종하고 있는지, 목회자 월급에 관대한지, 목회자 자녀들의 교육비는 잘 지급되고 있는지, 장로로서 윤리적으로 잘 살고 있는지, 동네에서 비판의 대상이 되고 있는 것은 아닌지, 성경은 잘 암송하고 읽고 있는 것인지, 기도생활을 제대로 하고 있는 것인지, 입이 혹시 벌구(벌어진 입)가 아닌지, 의리가 없이 여기 저기 소문을 내고 다니는 것은 아닌지, 교인들끼리 돈을 빌리고 꾸고 하는 것은 아닌지, 잘못된 직업을 갖고 있는 것은 아닌지, 술을 파는 직업에 종사하고 있는 것은 아닌지, 주일에 물건을 사고파는 것은 아닌지…등등 율법적인 눈으로, 비판의 눈으로 보고 있습니다.

저는 이러한 비판을 받는 것이 너무 괴로웠고, 항상 불안하고 두려운 마음으로 교인들을 대했습니다. 혹시 교인들이 어떤 비판을 할지 두려워하며 대기 상태에 있는 것처럼 교인들을 바라보았습니다. 교인들이 그런 내색을 안 하는 주간은 참으로 평안했고, 주일에 어떤 불평이나 개인적인 비판의 소리를 듣게 될 때에는 일주일 내내 마음이 무거웠습니다.

그래서 교인들과의 관계가 사랑이 될 수가 없었습니다. 모든 교인들이 나를 심판하는 모세로 보였습니다. 모세의 자리에 교인들이 올라가 있었습니다. 시도 때도 없이 "목사가 양들을 사랑해야지, 한 마리 잃어버린 양들을 사랑해야지, 심방도 하지 않고 안 나오는 교인들을 돌보지도 않고, 그게 목사야"라고 비난하는 것을 들으며 살아왔습니다. 교인들은 항상 교인들의 입장에서 생각하기 때문에 그 교인이 어떤 교인이든지 상관하지 않고 잃어버린 양으로 대우를 해 주었고, 그런 교인들을 심방하지 않고 다시 교회로 데리고 오지 않으면 목회자들은 금새 삯군 목자가 되었던 것입니다.

목회 42년을 돌아볼 때에, 저의 목회는 하나도 기쁨이 없었습니다. 삐지고 토라진 교인들 비위를 맞추고, 다시 달래서 교회로 데리고 오고, 또 언제 그런 행동이 나타날까 조마조마한 마음으로 보냈습니다. 생산적이고 능동적인 목회를 한 것이 아니고 항상 방어적이고 합리화하는 목회를 해 왔습니다. 교인들에게 상처받은 것이 심장에 비수같이 박혀서 다시 그 교인들을 사랑한다는 것이 불가능한 것처럼 보였습니다.

그런데 나중에서 이것이 선악의 기름부음이라는 것을 알았습니다. 서로 옳고 그름만을 바라보게 하는 것, 이것이 사탄의 전략입니다. 만일 옳고 그름을 바라보게 한다면 이 세상에서 이 잣대를 피할 사람은 아무도 없을 것입니다. 그래서 성경은 서로의 허물을 덮어 주는 것이 사랑이라고 말씀하고 있습니다. 사랑이 없이 율법의 잣대를 가지고 있는 공동체라면 이러한 선악을 가리는 일들이 평생 계속될 것입니다.

그래서 교회가 갈라지고 상처를 입습니다. 이러한 교회를 바라보는 믿지 않는 사람들은 교회를 회의적으로 볼 수밖에 없는 것입니다. 또한 요사이는 더욱 이것이 심해져서 문제만 생기면 교회 문제를 세상 법정으로 가지고 가는 경우들이 허다합니다. 그래서 교인들의 헌금을 변호사의 배만 불려주는 데 쓰고 있었습니다. 실제로 어떤 교회가 1억의 문제를 놓고 법정 투쟁을 하여 목회자의 입장이 승소를 하게 되었는데 실제 변호사 비용이 서너 배가 더 들었습니다. 이긴 후에, 그 변호사 비용을 지불하는 것이 더 큰 문제로 남게 되었다는 것입니다. 그렇다면 누가 이긴 것입니까? 그 가운데 승자는 변호사 밖에 없는 것입니다. 변호사만 이익을 얻었고 다른 이들은 모두 손해를 보았고 참담한 실패를 하게 된 것입니다.

저는 사탄의 가장 교활한 방법이 옳고 그름을 가리게 하는 것이라고 봅니다. 저희 교회도 옳고 그름을 가리자는 데에서부터 문제가 시작되었습니다. 서로 용서하고 지나가도 되는 문제인데 그 문제를 극대화하여 교단문제로 비화시키고, 그리고 나중에는 국세청에서 문제 삼겠다고 목사를 위협하였습니다. 그리고 그 문제를 들고 일어선 사람들은 이것이 정말 정의를 위하여 자신이 순교한다고 생각하는 것이었습니다. 마치 노동자들이 결탁하여 농성을 벌이는 것처럼, 하나님의 공의를 위하여 모든 것을 버리는 자의 심정으로 싸움에 동참하기 시작하였습니다.

한 번도 주일 예배에 나오지 않던 사람들이, 싸움을 계획하는 모임에 나오기 시작하였고, 그 모임을 위한 재정적인 후원을 아끼지 않았습니다. 그것은 그들에게 너무나 좋은 명분이 되었습니다. 정의를 위하여 자신들이 싸우기 때문입니다. 이 싸움을 위하여 하나님은 자신들의 편이 될 것이고, 자신들은 하나님의 영원한 나라를 이 땅 위에 세우는 피 흘리는 노동자의 순교 같은 것이 되리라는 믿음으로 헌신하였습니다.

그 힘이 어디에서 나왔는지 의심이 될 정도였습니다. 철야기도에는 한 번도 나오지 않았던 사람들이 목회자를 내쫓기 위한 모임에는 자정을 넘기면서 회의에 열을 올렸습니다. 저는 그때 악(惡)한 기름부음이 있다는 것을 알았습니다. 저렇게 믿음 없는 사람들이 교회를 위하여 온 힘을 다하여 싸움에 참여하는 것이 하나님으로부터 온 것일까요? 아닙니다. 하나님은 교회를 세우는 데 필요한 기름부음을 부어줍니다.

그 힘은 공중 권세 잡은 사탄으로부터 온 것입니다. 그들도 무엇인가 힘을 받아야 싸울 수 있습니다. 악한 일을 하기 위해서는 악한 기름부음을 공중권세 잡은 자, 사탄으로부터 공급받아야 합니다. 그들도 무엇인가 위로부터 내리는 것이 있어야 그 힘으로 죽을 힘을 다해 싸우는 것입니다. 공중권세 잡은 자들이 주는 악한 기름부음은 이렇게 파괴하는 데 온 힘을 기울이게 합니다. 그래서 그들이 쉬지 않고 열심을 내어 파괴하는 데 전력을 다하는 것입니다. 사탄은 몸을 입고 있지 않기 때문에 피곤에 지치지 않습니다. 우는 사자와 같이 달려들어 누군가 죽어야만 손을 털고 일어납니다.

저희 교회도 역시 목사 편, 장로 편으로 갈라서 싸우기 시작했습니다. 싸움이 다 끝나고 났을 때, 아무 것도 모르던 성도들이 이리저리 피해를 입고 교회를 떠나기 시작하였습니다. 잘 믿던 교인들은 다른 교회로 이전하였고, 앞장서서 대적하던 사람들은 이름 모를 병에 걸려 투병하고 생명을 잃기도 하였고, 믿음이 약했던 교인들은 이번 기회로 인하여 아예 신앙생활을 떠나기도 하였습니다. 하나님의 나라가 이루어진 것이 아니라 교회는 잿더미 위에서 모든 것을 잃어버리게 되었고 쓰디쓴 패잔병의 모습으로 남게 되었던 것입니다.

이것이 교회의 현실입니다. 이것이 교회에 사탄이 가지고 온 비장의 카드입니다. 옳고 그름이라는 주제를 내밀게 되면 어떤 교인들도 그 자리에 앉아만 있지 않습니다. 만일 목사님이 설교를 잘 못한다고 하면 그 문제는 넘어가고 참아주기도 합니다. 하지만 만일 목사님이 교회 재정을 오용했다고 한다면, 아니, 여자문제가 생겼다고 하면 용서가 있을 수 없습니다. 이것은 옳고 그름의 문제가 되기 때문입니다. 자신이 그 의로운 싸움에 중심이 되어야 한다는 불길 같은 소원이 일어나게 됩니다. 교회를 이대로 두어서는 안 된다는 마음이 불 일듯 일어나게 합니다. 이럴 때 사탄은 이렇게 교회 문제가 심각한데 너는 그냥 바라만 보고 있겠느냐고 마음 속에 죄책감도 심어줍니다. 그리고 교인들에게 싸움을 붙이고는 자기는 유유히 사라집니다. 왜냐하면 다른 교회에 가서 똑같은 일을 저질러야 하기 때문입니다. 아무도 그 뒤에 이런 사탄의 전략이 있는 줄을 모르고 정의를 위하여 목숨을 내어놓고 싸우게 됩니다.

　이것이 바로 선악을 알게 하는 나무의 실과를 먹은 자들, 도덕의 기름부음을 받은 자들, 공중권세 잡은 자로부터 기름부음을 받은 자들, 그러한 자들이 있는 교회의 참담한 현실입니다. 만일 이러한 일들의 배후를 모른다면 교회는 평생 옳고 그름을 따지는 싸움에 휘말려 법정에도 가고, 서로 목소리도 높이다가 양들은 흩어지고, 서로들 상처를 받고 실망을 하고 멸망에 이를 것입니다. 선악을 알게 하는 나무의 열매가 얼마나 강력하게 개인과 교회, 사회를 타락하게 하는지를 알아야, 우리는 다시 생명나무를 바라보게 됩니다.

　이러한 것과 비슷한 현상이 교회를 떠나면서 "누구 때문에 이 교회에서 나간다."라고 말하는 사람들이 있습니다. 나가는 이유를 합리화하기 위해 누군가를 끌고 들어가는 것입니다. 조용히 나가면 되는데 꼭 자기가 나가는 이유를 남에게 전가합니다. 희생양을 만들어 자신이 나가는 문제를 합리화시킵니다. 저는 언제나 이러한 분들의 희생양이 되었습니다. 그럴 때마다 그 고통은 이루 말할 수가 없었습니다. 교인들을 전도해오지는 못할망정, 있는 교인들을 내어 쫓아서는 안 되는데 나가는 교인마다 사모 때문에 나간다고 말하면 그 본인의 심정은 누구보다도 아픈 것입니다.

　저의 교회의 한 집사님이 극심한 열등의식으로 교회를 떠났습니다. 그리고 모든 이들에게 저 때문에 나갔다고 말하고 떠났습니다. 저는 그분이 떠난 이유가 저에게 있는 것이 아니고 다른 문제라는 것을 알았습니다. 저는 어떤 변명도 할 수가 없었습니다. 변명을 하면 그 말에 꼬리가 붙어 더 문제가 확대되기 때문입니다. 나중에 그 집사님은 저를 만나서 "목사님 때문에 나간 것이 아니에요."라고 아주 쉽게 말하였습니다. 그분이 그렇게 말한다고 해서 저의 아픔이 사라질 수 있겠습니까? 저는 오랫동안 그분을 나가게 만든 장본인으로 비난을 이미 다 받았는데 말입니다.

저희 메누하영화로운교회에서도 교인들이 얼마 되지 않지만 나가면서 꼭 토를 달고 나가는 사람들이 있습니다. 누구 때문에 나간다고 말을 하고 나갑니다. 저는 이 이야기를 절대로 본인에게 말하지 않습니다. 그것은 나가는 사람들의 문제이지, 그들이 전가시키는 대상에게 문제가 있는 것이 아니기 때문입니다. 그것은 진실이 아닐 수도 있으며, 진실이라고 해도, 그 말로 인하여 당사자에게 상처를 주어서는 안 되기 때문입니다. 이러한 모습들이 모두 선악을 알게 하는 나무의 열매로부터 기인한다는 것을 아는 것, 이것이 자유를 누릴 수 있는 길입니다.

6일의 가치관:
땅과 공간의 확장

"땅이 풀과 각기 종류대로 씨 맺는 채소와 각기 종류대로 씨 가진 열매 맺는 나무를 내니 하나님이 보시기에 좋았더라"(창 1:12).

하나님은 6일 동안 세상을 아름답게 만드셨습니다. 우주 공간을 만드신 것입니다. 그리고 마지막 날 남자와 여자를 만들어주셨습니다. 하나님은 하나님의 열심으로 세상을 창조하시고 매일매일 보시기에 아름답다고 말씀해주셨습니다. 6일 동안 하나님은 공간을 창조하신 것입니다. 공간을 만들어주시고, 그 안에 식물과 짐승들과 고기들을 만들어 채워주셨습니다.

제7일째 되는 날, 모든 일을 마치시고 쉬셨습니다. 제7일은 끝났다는 말이 없으며, 그날을 보시기에 아름답다고 말씀하시지 않았습니다. 그날은 공간을 창조하신 것이 아니라 만남의 날을 창조하신 날이기 때문입니다. 제7일은 무엇을 가지는 날이 아니라 하나님과 대면하고, 그분을 바라보는 날입니다. 이날, 곧 7일째 되는 날을 가질 수는 없습니다. 단지 그 시간 안에 존재할 뿐입니다. 우리에게 비록 24시간이 주어졌다고 해도 어느 누구도 그 시간을 가질 수는 없는 것입니다.

6일 동안 하나님은 모든 볼 수 있는 것들을 창조해주셨습니다. 정말 보시기에 아름다웠습니다. 그런데 선악을 알게 하는 나무의 실과를 먹은 사람들은 그 모든 공간에 속한 것들이 보암직도 하고 먹음직도 하고 지혜롭게 할 만큼 탐스러웠습니다. 그리고 항상 공간에 속한 것을 바라보며, 더 많이 가지기를 소망하고, 더 많이 가지기 위하여 갈등하고, 싸우고, 투쟁하고 어느 때는 상대방을 죽이기도 했습니다. 공간은 서로 비교하게 합니다. 누가 얼마나 더 많이 소유했느냐에 대해 서로 비교하게 합니다. 하지만 시간은 비교할 수가 없습니다. 시간은 손 안에 가지고 있는 것이 아니라 우리가 존재하는 현장이기 때문입니다.

6일의 가치관은 바로 더 많은 것을 소유하는 데 있습니다. 더 많이 가지는 것이 가치이며, 성공하는 길입니다. 그래서 그들은 언제나 전쟁터에서 싸우는 사람처럼 치고 박고 하면서 더 많은 것을 확장합니다. 이러한 가치관은 선악을 알게 하는 나무의 실과를 먹은 가치입니다.

자녀교육에도 이러한 가치는 분명하게 나타납니다. 자녀들에게 더 많은 것을 소유하게 하고 더 많은 것을 주려고 합니다. 그러나 제7일의 교제는 없습니다. 부모와 자녀들이 얼굴을 대면하고 만남을 갖는 시간은 없습니다. 그들의 가치는 무엇인가를 더 많이 소유하도록 하는 것이기 때문입니다.

제7일에 속한 자들은 생명나무를 바라보는 자들입니다. 주님과 그 복 주신 날에 들어가 교제하는 날입니다. 무엇을 소유하거나 쟁취하는 날이 아니라 서로 사랑하며 교제하는 날입니다. 제7일에 속한 가치를 가지고 있는 가정은 자녀들과 되도록 더 많이 만나고 친밀감 속으로 들어갑니다. 그날에 서로를 바라보며, 서로의 존재를 확인합니다. 그날은 서로를 비교하지 않으며 서로 함께 하는 것으로 행복하고 자유롭습니다.

6일에 속한 사람들의 가치는 더 많이 소유하는 것입니다. 그리고 땅을 바라보는 자들입니다. 선악을 알게 하는 나무의 열매를 먹게 되면 하나님을 바라보는 것이 아니라 땅을 바라봅니다. 저주받은 땅을 바라보고, 그 저주받은 땅을 더 많이 소유하기에 급급합니다. 바알은 땅의 풍요를 가져다주는 지역신입니다. 이 지역신은 하늘을 바라보지 않고 땅만 바라보게 합니다. 인생을 땅에 속한 인생으로 바꾸어 놓습니다.

그래서 하나님께서는 10계명을 주시면서 남의 물건이나 아내나 가축들을 탐하지 말고 안식일을 지켜라(탐하라) 라고 말씀하셨습니다. 즉 공간을 탐하지 말고 시간(영원)을 탐하라고 말씀하십니다.

"또 유대교는 공간 속의 사물에 대한 갈망을 시간 속의 사물에 대한 갈망으로 바꾸어 놓으려 한다. 그리하여 유대교는 사람들에게 주일 내내 안식일을 탐하라고 가르친다. 하나님 자신이 그날을 탐내시었다. 그리하여 하나님은 그날을 헴다트야밈, 곧 탐나는 날이라고 부르시었다. 이는 마치 공간의 사물을 탐하지 말라는 분부의 말씀 속에 시간의 사물을 탐하라는 분부가 감추어져 있다는 말과 같다"(아브라함 헤셀의 『안식일』,111쪽).

안식일에 하나님과 교제함으로 그들은 공간의 가치를 가진 사람들과 함께 살면서 그들에게 흡수되지 않고, 더 큰 가치를 향해 일어날 수 있는 힘을 가집니다. 안식일로 인하여 앞에 있는 제 3계명을 지킬 수 있고, 그후에 여섯 계명도 지킬 수 있는 힘을 얻습니다.

하지만 선악을 알게 하는 나무의 실과를 먹은 사람의 눈은 공간, 즉 보이는 것에 고정되어 있습니다. 먹음직하고 보암직하고 탐스럽기도 한 공간적 사물에 대하여 욕심을 품게 됩니다. 어떻게 해서든지 더 많이 가지는 것에 가치가 있습니다. 그래서 보시기에 좋다고 말씀하신 하나님의 말씀대신 '가지기에 좋다' 라는 것으로 가치가 바뀌어 버립니다.

하나님은 공간을 창조하는 데 6일을 필요로 하셨지만 사람들과 교제하고 만나기 위하여 영원을 투자하셨습니다. 제7일은 끝났다는 말이 없습니다. 바로 이 영원과 연결된 시간 안에서 하나님과 교제하는 놀라운 축복을 6일의 가치관을 가진 사람들은 알지 못할 뿐만 아니라 누리지도 못합니다. 6일의 가치관을 가진 사람들은 없어질 것에 대하여 온 힘과 열정을 쏟아 붓습니다. 그럼에도 불구하고 결코 그 수고가 열매로 맺혀지지 않는, 헛수고로 끝나는 고통을 겪게 됩니다. "헛되고 헛되도다."라고 말씀하신 솔로몬 왕의 탄식이 그들에게 합당한 탄식이 됩니다.

하나님과 대면하는 가치, 하나님과 대면하는 축복을 잃어버린 자들은 삶에 찌들고, 경쟁에 쓰러지고, 악한 자들과의 전쟁에 죽어가고, 정말 모든 인생 수고가 헛되이 흙으로 돌아가게 됩니다. 선악을 알게 하는 나무의 열매를 먹은 자들은 이렇게 헛된 인생을 살다가 다시 흙으로 돌아가 버리고 맙니다.

6일의 가치관에서 더욱 중요한 것은 선악을 알게 하는 나무의 열매를 따먹게 된 결정적인 요인이 무엇인지도 모르고, 계속 그 바닥에서 헤매고 있다는 사실입니다. 그것은 뱀의 이야기를 듣고 믿었다는 사실입니다. 거짓을 믿고 일생 망해버린 경우가 바로 하와입니다. 우리가 무엇을 듣느냐가 중요합니다. 어떤 사람의 말을 듣느냐가 우리의 일생을 흥하게도 하고 망하게도 합니다. 물론 하나님의 음성을 들어야 우리는 삽니다. 하와와 아담은 하나님의 음성을 들었음에도 불구하고 뱀의 이야기에 결정적인 믿음을 표시합니다. "눈이 밝아 하나님과 같이 된다."는 말에 솔깃하여 먹어서는 안 되는 열매를 따 먹게 됩니다.

우리는 우리의 귀가 어떤 말에 솔깃하는지 조사해 보아야 합니다. 귀가 쏠리는 곳에 마음이 있기 때문입니다. 사람들은 자기가 들고 싶어 하는 말을 듣기를 원합니다. 그래서 유혹에 잘 넘어가는 것입니다. 귀가 얇다는 말을 듣는 사람들이 많습니다. 이제 우리의 귀를 할례하여 하나님의 음성을 들어야만 합니다. 마지막이 가까울수록 우리는 귀의 혼돈을 느낍니다. 어떤 말을 믿어야 할지 더 혼돈을 느끼는 시대가 왔습니다.

우리들의 귀는 정직하여 자신이 듣기 싫어하는 것을 듣기 싫어하고, 자신이 듣고 싶은 말만 가려서 듣습니다. 그래서 인생이 실패하는 것입니다. 잠언에서는 "내 아들아 아비의 말을 들으라."고 하였습니다. 6일에 속한 사람들은 성공하는 길, 부자가 되는 길에 대한 말만 듣습니다. 제7일에 속한 어떤 영원한 말도 들리지 않습니다. 땅에 속한 이야기, 땅을 확장하는 이야기, 재산을 불리는 이야기, 높은 명예를 얻는 이야기, 이런 이야기만 듣고 그것을 실현하기 위하여 사람도 죽이고, 속이고, 어떤 방법이라도 동원하여 그 목적을 실천합니다.

그래서 이 시대는 오호라 곤고한 시대로다!

살리는 말씀을 들어야 하는데 죽이는 말을 듣고 방황하며 돌아다니는 사람들이 바로 선악을 알게 하는 나무의 열매를 먹고 땅에 중독된 사람입니다. 이제 고개를 들어 하늘을 바라보고, 그분의 말씀을 듣고 먹어야 할 때가 왔습니다. 선악과 하나로 믿음의 생활이 이렇게 큰 혼돈에 빠지게 된 것입니다.

주님, 제발 이 문제를 해결해주십시오. 우리를 생명나무로 옮겨 주십시오. 어떻게 하면 우리가 주님을 바라보며, 주님의 말씀을 먹으며, 주님의 음성을 들으며, 생명을 누릴 수가 있겠습니까? 이 곤고한 늪에서 구원하여 주옵소서!

생명과 자유의 **기름부음**

제3부
뿌리를 바꾸는 십자가

그리스도께서 우리를 위하여 저주를 받은 바 되사
율법의 저주에서 우리를 속량하셨으니 기록된 바 나무에 달린 자마다
저주 아래에 있는 자라 하였음이라 이는 그리스도 예수 안에서
아브라함의 복이 이방인에게 미치게 하고 또 우리로 하여금
믿음으로 말미암아 성령의 약속을 받게 하려 함이라

(갈 3:13,14)

십자가가
우리의 소망

"율법을 따라 거의 모든 물건이 피로써 정결하게 되나니 피 흘림이 없은즉 사함이 없느니라"(히 9:10).

그렇습니다. 언제나 길이 되신 주님의 생명나무로 이동하는 길이 있습니다. 소망이 있습니다. 그리스도의 십자가 안에서 우리는 소망을 찾습니다. 주님은 언제나 '나는 길'이라고 말씀하셨는데 과거에도 현재에도 미래에도 영원히 주님은 우리의 길이 되십니다. 여러분, 선악을 알게 하는 나무의 열매를 먹고 그 뿌리에서 헤어나지 못하고 계시는지요? 그래서 너무 곤고하고 혼돈되어 있습니까? 물론 어떤 기쁨도 행복도 없겠지요? 하지만 여기 길이 있습니다. 바로 십자가가 우리의 소망입니다.

이렇게 선악을 알게 하는 나무로 인하여 두 가지 관점을 가지고 갈등을 하며 죽음에 이르게 될 때에, 하나님은 생명나무를 바라봄으로 생명을 얻게 하십니다. 그들이 정녕 죽을 수밖에 없고 죽음의 족보에 들어갈 수밖에 없었지만 하나님은 죄 아래 들어간 인간들에게 다시 한 번 더 기회를 주십니다. 그것이 바로 뿌리를 바꾸도록 하시는 것입니다. 뿌리를 바꾸어서 생명나무의 열매를 먹게 하시고, 바라보게 하시고, 주님의 음성을 듣게 하시고 그리고 하나님이 하나님이 되시기를 원하십니다.

먼저 우리는 생명의 기름부음과 선악의 기름부음의 차이가 도덕적 행위가 다르다든지, 깨끗하게 사는 데 있는 것이 아니고 근본적으로 뿌리가 다르다는 것임을 상기해야 합니다. 생명의 기름부음에 들어가기 위해 행동을 바꾼다든지, 잘못된 행동을 수정하는 것이 필요하지 않습니다. 그 뿌리를 바꾸어야 합니다. 가끔 우리는 뿌리를 뽑아버리자고 말합니다. 뿌리를 뽑아버리면 죽어버립니다. 뿌리를 뽑아버리는 것이 아니라 뿌리를 바꾸어버리는 것입니다. 새 뿌리로 이동해 들어가는 것입니다. 생명의 뿌리로 들어가는 것입니다. 과학적인 이치로 말한다면 이해가 되지 않지만 영적인 이치로 말한다면 충분히 이해가 될 것입니다. 뿌리를 바꾼다는 말은 중심이동을 한다는 말과도 연관이 됩니다.

그렇다면 어떻게 뿌리를 바꿀 수 있을까요? 어떻게 중심이동을 할 수가 있을까요? 근본적으로 뿌리를 바꾸는 작업은 어디서부터 시작해야 하는지요? 그 소망은 십자가에 있습니다. 십자가만이 우리의 소망이며, 우리의 뿌리를 바꾸어줄 수 있습니다. 십자가에서 흘리신 보혈의 피로 말미암아 확실하게 뿌리를 바꿀 수가 있는 것입니다.

그렇습니다. 뿌리를 바꾸는 것은 오로지 그리스도께서만 하실 수 있습니다. 이러한 권위를 하나님께서 그리스도께만 위임하셨기 때문입니다. 우리의 죄악으로 인하여 하나님과 우리는 얼굴을 대면할 수 없게 되었습니다. 하지만 그리스도의 대속적 죽음에 의해 우리가 의롭다 여김을 받게 된 것입니다. 그러므로 우리는 그리스도의 의에 힘입어 의롭다 여김을 받고 뿌리를 바꿀 수 있습니다. 우리는 의의 뿌리를 갖게 되는 것입니다. 생명의 뿌리 안으로 들어가는 것입니다.

창세기 5장에 보면 죽음의 족보가 나옵니다. 그 죽음의 족보에서는 모든 인간들이 죽습니다. 선악을 알게 하는 나무의 열매를 먹으면 반드시 죽으리라고 말씀하신 것처럼 창세기 5장에는 모두 죽는 족보가 기록되어 있습니다.

"그는 구백삼십 세를 살고 죽었더라. 그는 구백오 세를 살고 죽었더라 그는 구백십 세를 살고 죽었더라 그는 팔백구십오 세를 살고 죽었더라 그는 구백육십이 세를 살고 죽었더라 그는 구백육십구 세를 살고 죽었더라"(창 5:5, 11, 14, 17, 20, 27).

자신의 나이를 잊어먹고 살면서 하나님께서 반드시 죽으리라고 말씀하신 것도 잊어버리고 살았다고 해도, 그들은 엄연히 죽었습니다. 므두셀라가 가장 장수하여 969년을 살았습니다. 그러나 그도 결국에는 죽었습니다.

결단코 죽어야만 하는 이러한 인생이 어떻게 뿌리를 바꾸고 살 수가 있을까요? 생명의 기름부음을 받고 역동적으로 살아갈 수가 있을까요? 저는 이것을 십자가의 중심이동이라고 명명하고 싶습니다. 선악을 알게 하는 나무로부터 생명나무로 중심이동을 하는 것입니다.

십자가의 보혈의 피

우선 우리는 선악을 알게 하는 나무의 뿌리가 죽음인 것을 알아야 합니다. 그 열매의 뿌리 자체가 잘못되어 있기 때문에 그 뿌리를 바꾸어야 합니다. 그 뿌리가 죽음이라면 죽음을 해결하기 위하여 우리는 생명이 필요합니다. 십자가는 이러한 중심이동을 하여 우리를 구원에 이르게 하는 중요한 길입니다. 십자가만이 우리의 유일한 소망입니다. 십자가에 달리신 그리스도만이 유일한 답이요 길입니다.

여기에 절대적으로 필요한 것이 생명이라고 한다면 과연 어떤 생명이어야 하겠습니까? 성경에는 생명이 피 안에 있다고 말씀하십니다.

"그러나 고기를 그 생명 되는 피째 먹지 말 것이니라"(창 9:4).

피라고 모두 죽음의 문제를 해결해줄 수 있는 것은 아닙니다. 피라고 해도 남을 구원해 줄 수 없는 피가 있습니다. 죄인의 피를 속량하기 위하여 우리는 단지 죄없으신 그리스도의 보혈의 피의 도움을 받아야 합니다. 예수 그리스도께서 그의 피를 흘리심으로 말미암아 우리의 죄 값을 갚아주시고 중심이동, 뿌리이동을 할 수 있게 되었습니다. 이것을 우리는 대속적 죽음이라고 말합니다. 우리가 한 것은 아무 것도 없습니다. 단지 예수님께서 우리의 죄 값을 단번에 갚아주시고 더 이상 죄의 노예가 되지 않도록 생명을 주신 것입니다.

그래서 우리는 십자가를 바라볼 때에 행복합니다. 우리에게 살 길이 생겼기 때문입니다. 이러한 십자가의 대속적 죽음에 대하여 믿음으로 받아들일 때, 우리는 다시 생명으로 중심이동을 합니다. 그러므로 믿음으로 말미암아 우리는 의롭다 여김을 받고 새로운 생명의 족보에 들어가게 됩니다. 저는 이것을 의의 기름부음이라고 부르기를 즐겨합니다. 하나님이 원하시는 것은 선도 아니요, 악도 아니요, 바로 그리스도의 의(義)입니다.

그러므로 믿음으로 말미암아 우리가 다시 생명을 얻게 된 것입니다. 잃었던 생명을 다시 찾게 된 것입니다. 이제 우리는 하나님을 바라보게 되었습니다. 죽음이 아닌 생명을 바라보게 되었습니다. 우리는 죄인이 아니라 의인입니다.

이제는 "죽고, 죽고, 죽고"하는 죽음의 족보가 아니라 "낳고, 낳

고, 낳고"하는 생명의 족보에 들어가게 됩니다.

"아브라함이 이삭을 낳고 이삭은 야곱을 낳고 야곱은 유다와 그의 형제들을 낳고……야곱은 마리아의 남편 요셉을 낳았으니"(마 1:2,16)

단순히 낳고 낳고 낳는 족보일 뿐만 아니라 생명의 근원이신 하나님을 향하여 올라가는 족보에 들어가게 되었습니다.

"그 위는 에노스요 그 위는 셋이요 그 위는 아담이요 그 위는 하나님이시라"(눅 3:38).

마치 연어가 자신이 낳은 장소로 다시 올라가는 것처럼, 그리스도의 보혈의 피의 능력은 죽음의 늪에서 다시 생명의 근원으로 박차고 올라가게 합니다. 온갖 저주와 죽음, 분노, 슬픔, 가난, 질병, 이 모든 저주의 고리를 끊어버리고 생명의 강가로 올라가게 합니다. 그 생명력, 그 생동력, 그 다이나믹스는 하나님께서 예수 그리스도의 십자가를 통하여 주신 파워입니다.

구원에의 의지

"내 평생에 너를 능히 대적할 자가 없으리니 내가 모세와 함께 있었던 것같이 너와 함께 있을 것임이니라 내가 너를 떠나지 아니하며 버리지 아니하리니"(수 1:5)

이 책 앞부분에서 저는 하나님이 인간에게 생명에의 의지와 자유의지를 주셨다고 말씀드렸습니다. 그런데 하나님 측에서 보면 하나님은 우리들을 위한 구원을 포기하지 않고 끝까지 구원하시려고 하는 구원에의 의지를 갖고 계십니다. 솔직하게 우리의 구원은 그분의 구원에의 의지로 인하여 가능하게 되었습니다. 우리의 감정이나 느낌으로는 어느 때 구원을 잃어버린 것 같은 생각이 들 때에도 있지만, 이 구원은 우리의 감정에 따라 주어지고 없어지는 것이 아니라 그분의 확실한 구원에의 의지로 인하여 가능한 것입니다. 끝까지 우리를 찾으시려는 하나님의 의지로 인하여 우리의 구원이 가능한 것입니다.

유월절 어린 양의 피-죽음에서 생명으로

"너희 어린 양은 흠 없고 일 년 된 수컷으로 하되 양이나 염소 중에서 취하고 이 달 열 나흗날까지 간직하였다가 해질 때에 이스라엘 회중이 그 양을 잡고 그 피를 양을 먹을 집 좌우 문설주와 인방에 바르고"(출 12:5-7)

"내가 애굽 땅을 칠 때에 그 피가 너희가 사는 집에 있어서 너희를 위하여 표적이 될지라 내가 피를 볼 때에 너희를 넘어가리니 재앙이 너희에게 내려 멸하지 아니하리라"(출 12:13).

이러한 중심이동은 구약에서도 찾아볼 수 있습니다. 애굽에서 재앙 가운데 있었던 이스라엘에게도 하나님은 어린 양을 통하여 이스라엘 민족을 구원하고 계십니다. 이것을 유월절 사건이라고 말합니다. 장자를 죽이는 재앙에서 아무도 피할 수 없었는데 하나님은 이스라엘에게 어린 양의 피를 문설주와 인방에 바르라고 말씀하십니다. 이 명령에 순종한 가정들, 뜻은 알 수 없으나 순종한 가정들마다 재앙이 지나갔습니다. 그 집 안에 누가 있든지 간에 죽음의 재앙은 지나갔습니다.

결국에 어린 양의 피는 그들을 죽음에서 생명으로 옮기게 하였습니다. 이것이 중심이동이며 뿌리의 이동입니다. 이것이 바로 피의 능력이며 그리스도의 대속적 죽음의 능력입니다. 그리스도께서 우리를 위하여 대신 죽으시는 사건입니다. 대신 죽으심으로 우리가 죽음으로부터 자유하게 된 사건입니다. 그들이 하는 일이란 피를 문설주와 인방에 바르는 일입니다. 재앙의 천사들이 지나갈 때에, 그 피는 이스라엘을 죽음으로부터 보호하여 주었습니다. 어린 양의 피로 말미암아 그들은 죽음에서 생명으로 중심이동을 하게 되었습니다..

출애굽: 어린 양의 고기 - 노예에서 자유인으로

"그 밤에 그 고기를 불에 구워 무교병과 쓴 나물과 아울러 먹되 날것으로 나 물에 삶아서 먹지 말고 머리와 다리와 내장을 다 불에 구워 먹고 아침까지 남겨두지 말며 아침까지 남은 것은 곧 불사르라 너희는 그것을 이렇게 먹을지니 허리에 띠를 띠고 발에 신을 신고 손에 지팡이를 잡고 급히 먹으라 이것이 여호와의 유월절이라"(출 12:8,11).

그리고 어린 양을 구워 먹고 출애굽을 하게 됩니다. 유월절이 있었다고 해서 안심할 수가 없습니다. 그들이 피하지 않으면 노예상태를 유지하다가 죽을 수 있기 때문입니다. 진정한 유월절은 이렇게 준비하고 애굽을 떠나는 것까지 포함됩니다. 진정한 자유는 재앙이 지나간 것만을 의미하는 것이 아니라 애굽을 나오는 것까지 포함합니다.

피는 죽음에서 생명으로 옮겨주었지만 살(고기)은 애굽에서 광야로 나가게 하는 힘을 줍니다. 재앙이 지나갔다고 하여도 그들의 몸이 애굽을 탈출하지 않으면 언제 어디서 어떻게 죽을지 모르는 것이 노예들입니다. 노예들이 자유를 쟁취하지 않는 한, 생명은 보장받을 수가 없습니다. 노예는 미래도 없고 족보도 없습니다. 이름도 없습니다. 그들의 생명은 생명이 아닙니다. 하나의 번호로 기억되고 있을지 모릅니다. 생명이 생명이 되기 위하여 그들은 애굽에서 급히 나와야 합니다. 그래서 유월절은 출애굽까지 포함되어야 진정한 유월절이 되는 것입니다.

성만찬은 바로 이것을 상징하고 있습니다. 포도주는 그리스도의 피를 상징하면서 죽음에서 생명으로 옮긴 것을 의미합니다. 떡은 그리스도의 살을 의미하면서 노예에서 자유인으로 옮긴 것을 의미합니다. 생명으로의 이동, 자유로에의 이동, 이 두 가지가 있을 때, 중심이동은 확실해집니다.

　불에 구운 고기는 하나님의 말씀을 상징합니다. 유월절은 대속적 죽음이었지만 이제 출애굽은 떡을 먹고 힘을 얻어 애굽을 나오는 사건입니다. 이것을 다른 것으로 표현하면 예수님과 함께 죽는 연합적 죽음이라고 표현할 수 있습니다. 우리가 구원을 받았다고 하여도 지속적으로 우리의 겉사람을 십자가에 못 박고 우리 안에서 그리스도께서 살아나시도록 해야 합니다. 십자가에 우리의 정과 욕심을 못 박고, 이전의 생활을 청산해야 합니다. 즉 예수님과 함께 죽고 예수님과 함께 부활하는 사건이 필요한 것입니다.

　생명을 얻기 위해서 우리가 할 일이 아무 것도 없습니다. 믿음으로 받아들이면 됩니다. 주님이 대신 우리를 위하여 죽었기 때문입니다. 그런데 자유를 얻기 위해 우리가 해야 할 일이 있습니다. 우리의 겉사람, 정과 욕심을 못 박아야 합니다. 그래서 내 자아가 처리되어야 말씀에 순종할 수 있으며 진리를 따라 살 수 있는 능력이 나옵니다. 내가 죽고 그리스도가 살아야 진리를 따라 살아갈 힘이 생깁니다.

　그래서 생명을 얻었다고 하여도 그리스도와 함께 해야 할 작업이 아직 남아 있는 것입니다. 그것이 진리를 향한 투쟁이며 거룩을 향한 투쟁입니다. 생명을 얻었다고 하여도 진리를 따라 살아갈 힘이 없다면 우리는 자유를 결코 얻을 수 없을 것입니다. 자유 없는 생명 없고, 생명 없는 자유 없습니다. 생명을 자유가 보호해주어야 하고 자유가 생명을 보호해주어야 합니다. 그래서 유월절과 출애굽이 다 이루어질 때, 비로소 온전한 구원이 이루어집니다.

믿음으로 말미암아
생명(生命)을!

"복음에는 하나님의 의가 나타나서 믿음으로 믿음에 이르게 하나니 기록된 바 오직 의인은 믿음으로 말미암아 살리라 함과 같으니라"(롬 1:17).

이러한 중심이동은 오직 한 길, 믿음으로 말미암아 가능합니다. 우리가 살 수 있는 길은 오직 하나, 믿음에 의한 길입니다. 죽음으로부터, 저주로부터, 가난으로부터, 슬픔으로부터 우리는 기쁨으로 중심이동을 하게 되었습니다. 생명, 복, 부요, 기쁨, 평강, 자유, 영원으로 중심이동하게 되었습니다. 이렇게 뿌리를 옮기는 길은 오직 믿음 뿐입니다.

"주 믿는 사람 일어나 다 힘을 합하여
이 세상 모든 마귀를 다 쳐서 멸하세
저 앞에 오는 적군을 다 싸워 이겨라
주 예수 믿는 힘으로 온 세상 이기네
믿음이 이기네, 믿음이 이기네
주 예수를 믿음이 온 세상 이기네"(찬송가 357장)

이 믿음으로 의롭게 됨은 구약에서부터 시작됩니다. 예수 그리스도의 사역이 없던 당시, 구약에서 하나님은 아브라함의 믿음을 의로 여기셨다고 하셨습니다.

"아브람이 여호와를 믿으니 여호와께서 이를 그의 의로 여기시고"(창 15:6)

성경 전체는 우리가 믿음으로 말미암아 산다는 것을 강조하고 있습니다.

"보라 그의 마음은 교만하며 그 속에서 정직하지 못하니 의인은 그의 믿음으로 말미암아 살리라"(합 2:4).

복음에는 하나님의 의가 나타나 있다고 했습니다. 그 하나님의 의는 곧 그리스도이십니다. 그리스도께서 우리의 의가 되어 주셔서 하나님 앞에 설 때에 우리가 더 이상 죄인이 아니고 의인이 됩니다. 우리는 아무 것도 한 것이 없지만 그리스도의 대속적 죽음으로 인하여 의롭다 여김을 받는 길이 열렸습니다.

그래서 복음은 복된 소식입니다. 복음은 우리를 자리바꿈하게 합니다. 죄인의 자리에서 의인의 자리로, 선악의 뿌리에서 생명의 뿌리로, 죽음에서 영원한 생명으로, 저주에서 축복으로, 질병에서 건강으로 옮겨가게 합니다.

벌써 2000년 전에 예수님은 우리의 죄를 가지고 가셨으며, 우리의 가난과 저주를 가지고 가셨습니다. 그래서 우리는 더 이상 저주 아래 있지 않습니다. 그분이 모든 죄와 죽음, 저주, 질병, 가난을 가지고 가셨기 때문입니다.

"그리스도께서 우리를 위하여 저주를 받은 바 되사 율법의 저주에서 우리를 속량하셨으니 기록된 바 나무에 달린 자마다 저주 아래에 있는 자라 하였음이라 이는 그리스도 예수 안에서 아브라함의 복이 이방인에게 미치게 하고 또 우리로 하여금 믿음으로 말미암아 성령의 약속을 받게 하려 함이라"(갈 3:13,14).

이제 그리스도께서 우리가 생명을 얻을 길을 마련해주셨으니 이제는 그것을 믿기만 하면 되는 것입니다. 그리스도께서 우리의 주가 되시며, 모든 구원의 길이 되어주셨음을 고백할 때, 우리는 뿌리가 바뀌는 것입니다. 죽음의 뿌리, 저주의 뿌리에서 생명의 뿌리로 옮겨가게 됩니다. 이것은 아주 간단하면서도 심오한 진리입니다.

"하나님이 세상을 이처럼 사랑하사 독생자를 주셨으니 이는 그를 믿는 자마다 멸망하지 않고 영생을 얻게 하려 하심이라 하나님이 그 아들을 세상에 보내신 것은 세상을 심판하려 하심이 아니요 그로 말미암아 세상이 구원을 얻게 하려 하심이라"(요 3:16,17).

그런데 믿음을 우리가 어떻게 이해해야 할까요? 단순히 그분을 믿는다고 고백하는 것으로 끝나면 되는 것일까요? 아닙니다. 믿음은 이론이 아니라 실제이며, 단순히 확신이 아니라 관계회복입니다. 예수님과의 인격적인 관계를 가지고 그분을 믿고 순종하며, 그분의 거룩한 삶을 성육신하며 살아가는 것입니다. 믿습니다 믿습니다 하면서도 실제로 믿는 것이 아닐 때가 너무나 많습니다. 우리가 복음을 들음으로 믿음이 생기고 그분을 믿음으로 주라 고백하였다면, 일상생활에서 그분의 통치를 받고, 그분에게 순종해야 할 것입니다.

지금까지 선악의 갈등 속에서 살던 사람들은 말씀으로 들어가 갈등이 없어지고, 불순종에서 살던 사람들은 순종의 뿌리로 들어가야 합니다. 행함이 없는 믿음이 아니라 행함이 있는 믿음으로 뿌리를 바꾸어야 합니다. 행함이 있는 믿음은 순종이 있는 믿음이라는 뜻입니다. 믿음을 온전하게 하는 것은 순종입니다. 만일 순종이 없다면 그 고백은 진실이 아닐 것입니다. 믿음과 순종은 동전 양면과도 같습니다.

성경에서 믿음이라는 말은 명사가 아니고 동사입니다. 믿는다는 말만 성경에 존재합니다. 이것은 믿음이라는 말이 고정되어 있고, 묶여 있는 명사로서의 의미가 아니라 움직이고 행동하고 살아 있다는 것을 의미합니다. 그렇습니다. 믿음도 여러 종류가 있지만 하나님을 믿는 믿음은 산 믿음이어야 합니다.

믿음에도 부정적인 믿음, 파괴적인 믿음이 있습니다. 믿음이라고 다 믿음이 아닙니다. 혹자는 자신이 믿고 있다고 착각하는 경우도 너무나 많습니다. 예를 들어, "나는 늙으면 중풍에 걸릴 것 같아." 라고 믿고 있다면 그것도 믿음이고, 믿음대로 될 것입니다. 부정적인 것도 믿음이고, 부정적으로 믿는 그대로 나타나게 됩니다. 어떤 믿음이든지 우리는 믿는 대로 살아가게 될 것입니다.

이러한 여러 종류의 믿음 가운데 우리를 살리는 믿음은 그리스도를 믿는 믿음입니다. 그리스도를 믿는 믿음으로서, 우리가 죽고 사는 문제를 해결하는 것입니다. 이러한 믿음이 없다면 우리는 결코 영원히 살 수가 없을 것입니다. 우리의 죽고 사는 문제를 걸고, 그 진리에 응답하는 믿음입니다. 그래서 죽었던 우리가 다시 살아나는 것입니다.

누구든지 선악을 알게 하는 나무를 바라보는 자들은 죽습니다. 그 안에는 어떤 힘도 생명도 없습니다. 하지만 하나님을 바라보는 자들은 삽니다. 여호와 하나님께서 생명의 근원이시기 때문입니다. 여호와 하나님을 바라보는 것, 그리고 그분이 구세주 되심을 믿는 믿음의 사건이 우리를 확실하게 중심이동을 하게 합니다.

믿음이라는 말처럼 혼동을 가져다주는 것은 없습니다. 머리로 믿는 것도 있고, 자기 확신도 있고, 세뇌를 당해서 믿고 있다고 착각하는 경우도 있습니다. 그러나 믿음은 관계입니다. 사실 제가 여러분을 만나보지도 않았는데 어떻게 여러분들을 믿을 수가 있겠습니까? 여러분들 역시 저의 책을 읽은 것만으로 어떻게 저를 믿을 수가 있겠습니까? 믿음은 상호관계이지 한쪽의 일방적인 확신은 아닙니다. 제가 여러분을 믿으면, 여러분이 저를 믿게 될 때, 그 관계가 믿음의 관계가 되는 것입니다.

믿음이란 죽고 사는 문제입니다. 진리를 믿는 것입니다. 그러므로 그 진리로 인하여 죽을 수도 있는 믿음이 참 믿음인 것입니다. 우리가 살아가면서 친구를 믿고, 지동설을 믿는 그런 믿음이 아니라 우리가 죽고 사는 문제가 달려있는 믿음을 거론하고 있는 것입니다.

이 믿음은 그 하나님을 믿는 믿음에서 출발합니다. 그 하나님과의 인격적 관계에서 생명을 내어놓을 수 있는 그런 믿음을 의미합니다. 믿음으로 말미암아 구원을 받는다는 말씀을 너무 쉽게 생각해서 '고백' 하나만으로 이제 구원을 받았다고 선포하는 경우들이 많습니다. 그것도 그 고백을 따라하라고 하고, 구원받았음을 선포해주기도 합니다. 물론 그러한 가운데에서도 하나님의 구원의 역사가 임할 수 있지만 믿음이라는 것은 확실한 관계이며, 인격적인 만남에 기초를 해야 합니다. 그리고 그 믿음으로 인하여 회개가 따라와야 하는 것입니다.

그러한 믿음의 근거를 사복음서는 잘 설명해주고 있습니다. 예수 그리스도께서 우리의 왕이시라는 것을, 그런데 종으로 오신 왕이시라는 것을 믿는 믿음입니다. 또한 그분이 하나님이시라는 것, 그러면서도 인간의 몸으로 화육하여 오신 분이시라는 것을 믿는 믿음인 것입니다. 이러한 확실한 진리를 믿는 믿음에서 우리의 구원은 시작됩니다.

예수님을 믿으니까 사업이 잘 되었다든지 그분을 믿으니까 치유를 받았다는 것 등에 근거해서 믿는 것이 아니라 그 믿음의 근거가 천지가 없어져도 변하지 않을 진리에 근거해야 합니다. 치유는 받을 때도 있고, 어느 때는 간절히 구해도 받지 못할 때도 있습니다. 사업이 잘 될 때도 있고, 열심히 믿고 사업을 해도 안 될 때도 있습니다. 천지가 변해도 없어지지 않을 진리는 사복음서에 기록되어 있습니다.

그분의 존재가 누구인가를 믿어야 합니다. 그분이 하나님이신 것을 믿어야 합니다. 하나님이시기 때문에 무죄하신 분이시고, 우리의 죄 값을 대신 대속하실 수 있는 분이십니다. 만일 죄가 있는 분이라면 결코 다른 죄인의 죄 값을 갚아줄 수가 없을 것입니다.

또한 그분은 참 인간이십니다. 인간이기 때문에 인간의 죄를 대속할 수가 있습니다. 황소도 아니요 양도 아니고 인간의 죄는 인간이 죽어야만 합니다. 죄 없는 제물이 되신 예수님이 우리의 죄 값을 갚아주셨음을 믿어야 합니다.

"이는 황소와 염소의 피가 능히 죄를 없이 하지 못함이라"(히 10:4).

이러한 존재를 믿을 때, 사역도 믿게 됩니다. 하나님으로 오신 예수님은 왕으로 우리를 다스리시고, 인간으로 오신 예수님은 종으로 오셔서 대속의 피를 흘리십니다. 이렇게 사역과 존재를 확실히 믿을 때, 우리의 믿음이 참 믿음이 됩니다. 이러한 믿음으로 말미암아 모든 죄인들이 '의롭다' 여김을 받게 될 것입니다. 이것이 칭의(justification)입니다. 의롭다 여겨주시는 것입니다. 이것이 의(義)의 기름부음입니다.

유다와 다말의 이야기에서도 행동으로 본다면 다말은 용서받을 수 없는 존재였습니다. 그러나 다말이 유다의 말을 믿고 시댁에서 그 셋째 아들이 커서 시아버지가 그녀에게 남편으로 줄 때까지 순결을 지키고 기다리고 있었던 것입니다. 그래서 유다는 그녀가 "옳다"라고 선포했으며, 그녀는 칭의를 받게 된 것입니다. 창세기 38장의 이 사건도 성경 전체의 칭의가 결코 행동에 근거한 것이 아니라 믿음에 근거한 것임을 알려주고 있습니다. 믿음으로 말미암아 칭의를 얻게 되고, 그것을 의의 기름부음, 생명의 기름부음이라고 말합니다.

순종으로 말미암아
자유(自由)를!

"그러므로 예수께서 자기를 믿은 유대인들에게 이르시되 너희가 내 말에 거하면 참으로 내 제자가 되고 진리를 알지니 진리가 너희를 자유롭게 하리라"(요 8:31,32).

인류가 저주 아래 들어간 것은 불순종 때문이었습니다. 이러한 불순종으로 말미암아 자유롭게 살 권리를 잃어버렸습니다. 하나님이 선악을 알게 하는 나무를 세워놓으신 것은 자유를 선택하도록 하기 위함이었습니다. 자유인으로 태어났지만 자신이 자유를 선택하지 않는 한, 자유인이 될 수가 없습니다. 자신이 자유인인지를 확실히 아는 것이 바로 자유를 선택할 때입니다. 선악과는 바로 아담과 하와가 진정한 자유인인지 알게 되는 시금석이었습니다.

하나님이 원하시는 것을 선택하는 것이 순종이었습니다. 하지만 아담과 이브는 순종하지 않았습니다. 그 순종을 포기하는 순간, 아담과 이브는 사탄이 주장하는 선악의 기름부음을 받고, 선악의 노예가 되고 맙니다. 온 인류가 불순종의 종이 되어 버립니다. 그리고 모든 정복하고 다스리는 권세가 공중 권세 잡은 자에게 넘어가고 인간은 생명도 자유도 잃어버리게 됩니다. 그렇다면 우리가 순종한다면 다시 그 자유를 회복할 수 있을까요?

　저는 지옥에서 불순종으로 파멸의 길을 걷는 자들을 보았습니다. 그들은 믿는다고 고백은 하였지만 진정으로 믿지 않았기 때문에 지옥에 떨어졌습니다. 믿는다고 고백을 했다고 하여도 순종과 행함이 따르지 않으면 그 믿음은 어떤 믿음인지 알 수가 없습니다. 하나님께서는 입으로 "믿습니다."라고 고백을 하고 행동과 순종이 따라올 때, 참 믿음으로 받아주십니다. 그렇지 않다면 자신이 믿는다고 착각할 수가 있습니다. 정말 내가 하나님을 믿는지 알 길이 있다면 그것은 열매를 보고 압니다. 그리고 그 열매의 가장 첫 열매가 하나님의 말씀을 듣고 지키는 것입니다. 순종하는 것입니다.

　제가 천국에 갔다 온 체험을 한 후에 목회가 달라졌다고 말씀을 드렸습니다. 사실 목회의 형태가 바뀐 것은 아무 것도 없습니다. 허나 중요한 것은 제가 하나님께 순종하게 됨으로 저의 목회가 하나님의 목회가 되었다는 데 있습니다. 거룩하고 엄위하시고 영화로운 주님을 보좌에서 뵙고 난 후, 저의 사전에서 불순종이라는 단어를 제하여 버렸습니다. 저에게는 불순종할 자유가 없었습니다. 하나님은 하나님의 것으로 하나님의 뜻대로 하는 자유가 있지만 저는 순종하는 자유밖에 없었기 때문입니다.

　그분에게 순종함으로 목회가 달라진 것은 당연한 사실입니다. 왜냐하면 나의 생각과 하나님의 생각, 나의 지혜와 하나님의 지혜는 완전히 다르기 때문입니다. 또한 나의 길과 주님의 길이 완전히 다릅니다. 순종은 믿음의 열매입니다. 확실히 믿는다는 것은 순종에서 나타납니다. 하나님을 믿는다고 하면서 순종하지 않는 것은 믿는 것이 아닙니다. 하나님을 의심하고 하나님이 그 일을 이루실 능력이 없다고 믿는 것입니다.

그러나 오해가 없으시길 바랍니다. 우리가 믿는다고 해서 100% 하나님의 말씀을 순종할 수 있는 것은 아닙니다. 100% 순종하기 위해서는 또한 순종의 기름부음이 임하여야 합니다. 겉사람이 처리되어야 합니다. 제가 말씀드리는 것은 입으로는 믿는다고 하면서 전혀 마음으로 믿지 않고, 그분과 인격적인 관계를 가지지 않는 사람들을 지적하는 것입니다. 이 글을 읽고 100% 순종이 안 된다고 갈등하거나 실망하지 마십시오. 여러분들의 마음의 중심이 주님 안에 있다면 걱정하지 마시기 바랍니다. 여러분들의 육신이 약하여 순종하지 못하는 면이 있다면 그것은 우리 모두가 육을 입고 있는 한, 끝까지 고민해야 될 문제입니다.

"네가 네 하나님 여호와의 말씀을 삼가 듣고 내가 오늘 네게 명령하는 그의 모든 명령을 지켜 행하면 네 하나님 여호와께서 너를 세계 모든 민족 위에 뛰어나게 하실 것이라"(신 28:1).

신명기 28장에도 순종하는 자들에게 주시는 복을 열거하고 있습니다. 하나님께서 복을 주실 때에도 무조건 주시는 것이 아니라 말씀을 듣고 순종하는 자들에게 주십니다. 믿음은 구원을 얻는 의이지만, 순종은 축복을 얻는 의입니다. 그러므로 의의 기름부음, 의롭다 여기심을 받는 데에는 생명을 얻는 믿음과 축복을 받는 순종이 함께 해야 합니다. 순종이 따라오지 않는다면 그 믿음의 진실을 확인할 길이 없습니다. 육신이 연약한 것이 아니라, 의도적으로 하나님의 말씀을 믿지 않는 것이라면 그것은 참 믿음이 아닐 것입니다.

믿음으로 말미암아 구원을 받고 순종으로 말미암아 열매를 맺고 복을 받습니다. 순종은 믿음의 열매입니다. 하나님을 하나님으로 고백하고 주님으로 모셨다면 그분의 말씀에 순종하는 것이 당연합니다.

그런데 구체적으로 우리가 왜 순종을 못하는 것일까요? 그것은 우리의 자아가 그것을 방해하고 있기 때문입니다. 내 자아가 아직도 살아있고 내 인생의 중심이 되어 있기 때문입니다. 진리에 순종하기 위하여 나 자신의 겉사람을 처리해야 합니다. 곧 예수 그리스도와 함께 죽고, 예수 그리스도와 함께 사는 것이 필요합니다. 이것을 우리는 연합적 죽음이라고 말합니다.

"누구든지 자기 십자가를 지고 나를 따르지 않는 자도 능히 내 제자가 되지 못하리라"(눅 14:21).

진리를 알고 있지만 그 진리를 따라 살아가기 위하여 우리는 자신의 겉사람을 처리해야 합니다. 자신을 부인해야 합니다. 또한 자신의 정과 욕심을 십자가에 못 박아야 합니다. 자신이 살아있는 한, 하나님의 진리 안으로 들어갈 수 없고, 그 말씀에 순종할 수 없습니다. 진리를 알면 진리가 우리를 자유케 한다고 하였습니다. 불순종해서 자유를 잃어버리고, 종노릇하게 된 우리들은 이제 순종을 통해 자유를 되찾아야 합니다. 그러기 위하여 자신이 진리에 순복할 수 있도록 자신을 처리해야 합니다. 자기가 처리되지 않을 때에는 정말 우리는 "오호라 나는 곤고한 자로다."라는 탄식을 하지 않을 수가 없을 것입니다.

이러한 처리에 대하여 성막은 잘 설명해주고 있습니다. 성막에 나오는 성물들은 이렇게 자기가 처리된 성물들입니다. 아카시아 나무 자체로는 성전에서 사용될 수가 없습니다. 뿌리가 뽑히고, 물을 마르고, 겉껍질을 벗기고, 마지막으로 조각목의 크기로 잘라서 서로 연합할 때 비로소 성소의 벽으로 사용되는 것입니다. 이렇게 겉사람이 그대로 있는 상태에서는 성물이 될 수가 없습니다. 또한 떡상에 올라가는 떡도 겉사람을 처리한 것입니다. 그 씨 그대로는 떡이 될 수가 없습니다. 껍질이 벗겨지고 다시 갈아서 볶은 것으로 떡을 만들어 떡상에 올라갑니다. 또한 금등대도 마찬가지입니다. 금등대가 만들어지기까지 쪼고 또 쪼아서 금등대의 모습으로 나타나게 됩니다. 분향단도 마찬가지입니다. 그 안에 들어가는 향은 모두 자기 처리가 된 향들입니다. 이렇게 자기 처리를 하는 이유는 그 안에서 그리스도가 나타나기 위함입니다. 내가 죽어야 그리스도가 나타나고, 그 그리스도께서 진리 되셔서, 진리 가운데 살도록 인도해 주십니다. 그러면 우리는 그 잃었던 자유를 다시 회복하고 누리게 됩니다.

제가 잠언목사님(남편 목사님의 닉네임)과 결혼을 전제로 데이트를 할 때, 잠언목사님이 결혼을 할 수 없으니 헤어지자고 말했습니다. 저는 너무 큰 충격을 받았습니다. 저는 이 사람과 결혼할 것이라고 굳게 믿고 있었는데 일방적으로 헤어지자고 말하니 황당하였습니다. 나중에 그 이유를 물어보니 친구들이 제가 순종할 타입이 아니니 결혼하지 말라고 말렸다는 것입니다. 사모가 되기에는 부족한 배우자라고 친구들이 극구 말렸다는 것입니다.

저는 즉시 나에게 순종이 무엇인지 가르쳐주면 하나부터 열까지 모두 순종하겠다고 말했습니다. 그 말에 감동을 받았는지 남편은 결혼을 하겠다고 다시 결단하였습니다. 하지만 결혼생활을 하면서 정말 어려운 것이 순종이었습니다. 저는 순종할 수 있는 사람이 되는 길을 찾기 위하여 올인 했습니다. 순종이라는 주제로 금식도 하였습니다.

하나님은 네가 순종하려면 죽어야 한다고 말씀해 주셨습니다. 저는 제가 어떻게 죽을 수 있는지 가르쳐 달라고 하나님께 매달렸습니다. 그러자 하나님은 죽으려면 땅으로 들어가라고 말씀하셨습니다. 땅에 들어가면 죽을 것은 죽고, 살 것은 산다고 말씀하셨습니다. 죽기도 하고 살기도 하는 일은 땅 이외에서는 일어나지 않는다고 하셨습니다. 한 알의 밀알이 되어 썩어 죽는다면 순종이 가능하다고 말씀해주셨습니다. 제가 "땅이 도대체 누구입니까?" 라고 다시 질문을 하자, 하나님은 땅이 곧 그리스도이시라고 가르쳐주셨습니다.

땅에는 다른 법이 있다는 것을 알았습니다. 땅의 법칙은 다른 것이라는 것을 알았습니다. 씨가 죽어서 다시 생명이 되어 싹이 나는 신비한 법이 있다는 것을 알았습니다. 그것도 땅이 알아서 죽을 것은 죽고, 살릴 것은 살린다는 것이었습니다. 저는 땅이 그리스도이시며, 땅이 말씀이라는 것을 알게 되었습니다. 저는 죽기 위하여 이 말씀 안으로 들어갔습니다. 정말 말씀은 저에게서 무엇이 죽어야 하는지 알려주었고, 무엇이 살아야 하는지를 알려주었습니다. 그래서 순종이 가능하게 되었습니다.

그리고 새로운 법, 성령의 법에 의지하여 살 때, 순종이 가능한 것을 알게 하셨습니다. 비행기가 스스로는 뜰 수 없지만 또 다른 법이 적용되면 뜰 수 있다고 말씀해주셨습니다. 배도 스스로는 뜰 수가 없지만 물의 법칙, 부력의 법칙을 이용하여 뜰 수 있다고 말씀해주셨습니다. 우리가 가지고 있는 육신적인 법, 의지적인 법을 내려놓고, 하늘의 법, 생명의 법, 성령의 법에 의지하면 순종이 가능하다는 말씀이었습니다.

제가 순종을 하고 얻은 축복은 재산이 늘어나고, 명예가 늘어나는 그런 축복이 아니었습니다. 제가 순종을 하고 누린 축복은 자유였습니다. 저는 비로소 자유하였습니다. 제가 무엇을 할까 고민하지 않아도 되었고, 제가 한 것이 좋은 열매로 나타날까 걱정하지 않아도 되었습니다. 무엇보다도 제가 주님의 말씀에 순종한 것은 전적으로 하나님께서 책임을 져 주신다는 사실 때문이었습니다.

집에서도 잠언목사님이 하라는 것만 하면 집안이 편안합니다. 그렇게 해서 결과가 나쁘게 나온다고 하여도, 남편이 책임을 질 것이기 때문입니다. 순종, 이것은 자유를 가져다줍니다. 그리고 하나님이 원하시는 것을 선택한 순간, 우리가 참으로 자유인이었음을 깨닫게 됩니다. 순종은 우리가 복으로 들어가게 하며, 자유인으로서의 행복을 누리게 합니다.

거룩의 옷, 의(義)의
기름부음을 받고

"하나님이 이르시되 이리로 가까이 오지 말라 네가 선 곳은 거룩한 땅이니 네 발에서 신을 벗으라"(출 3:5).

거룩이라는 개념은 인간의 것이 아니라 하나님의 것입니다. 인간이 가질 수 있는 개념이 아닙니다. 하나님께서 인간을 의롭다 여겨주심을 시작으로 거룩에의 행진을 함께 하십니다. 우리를 의롭다 여기심은 우리가 진정으로 의롭기 때문이 아니라 의롭다 여겨주시는 것이므로, 진정한 의는 거룩을 옷 입음으로 완성됩니다. 의롭다 여겨주신 것이 진정으로 의롭게 되기 위하여 성화는 필요한 것입니다.

존 웨슬리 목사님은 우리가 할 수 있는 최선의 경건의 훈련은 해야 할 것을 하고 하지 말아야 할 것을 마는 것이라고 말씀했는데, 이러한 경건의 훈련을 한다고 해서 거룩해지는 것은 아닙니다. 단지 이러한 과정을 통하여 성결해진다고 보면 좋습니다. 거룩의 개념은 이렇게 훈련, 즉 해야 할 것을 하고, 하지 말아야 할 것을 하지 않는다고 생기는 것은 아닙니다. 거룩은 하나님의 성품이므로, 하나님이 주셔야만 합니다.

그렇다면 거룩은 무엇입니까? 거룩은 하나님의 영광의 현존입니다. 하나님의 영광이 드러나는 곳마다 거룩합니다. 또한 거룩은 하나님이 소유하시는 것마다 거룩이 드러납니다. 그분이 거룩하신 분이므로 그분이 소유하신 것들도 모두 거룩해집니다.

"사람들은 종종 소극적인 측면에서 구속을 무엇으로부터의 구원이라는 식으로 생각합니다. 하지만 구속의 실제적인 영광은 그분 안으로 구속을 받았다는 적극적인 측면에 있습니다. 하나님이 들어가셔서 완전하게 그리고 전적으로 소유하시는 그곳, 바로 그곳에 온전한 거룩함이 있습니다"(앤드류 머레이, 『거룩, 이제 거룩한 그리스도인으로』, 60쪽).

하나님은 제일 먼저 시간을 소유하셨습니다. 제7일 안식일을 거룩하게 하심으로 그 시간을 소유하셨습니다. 그리고 그 시간을 영원과 연결시키셨습니다. 하나님이 소유하셨으므로 그 시간이 거룩해졌습니다. 이 시간은 거룩을 복으로 받았고, 우리가 그 시간에 함께 동참함으로 거룩을 복으로 받을 수 있게 되었습니다.

그 다음에 하나님은 땅을 거룩하게 하셨습니다. 호렙산에서 모세를 만났을 때에, 거룩하다고 말씀하셨습니다. 그 땅을 소유함으로 그 땅이 성지(聖地)가 되게 하셨습니다. 또한 광야로 나아가셔서 성막을 허락하시고, 주님이 거하시는 장소로 성막을 짓도록 명령하시고, 그 장막도 역시 하나님이 소유하셨습니다. 그래서 거룩한 장막, 성막(聖幕)이 된 것입니다. 이렇게 거룩의 개념은 소유의 개념입니다. 하나님이 우리를 소유하심으로 우리가 성도가 되고, 성물이 되는 것입니다.

　이렇게 거룩을 입으면서 구체적으로 우리가 해야 할 것이 있다고 한다면 내 것이라고 생각하는 것을 하나님의 것으로 구별하여 드리는 일이 필요합니다. 그래야 내 것이 모두 하나님의 것이 됩니다. 하나님의 것이 되는 모든 것은 거룩해집니다.

　먼저, 하나님께 물질의 십의 일을 드려야 합니다. 물질을 하나님께 구별하여 드림으로 말미암아, 그 물질이 하나님의 것이 됩니다. 우리는 가끔, "내 것인데 내 마음대로 해도 돼."라고 말하는 경우가 많이 있습니다. 그러한 것들을 하나님께 소속시킴으로 내 것이 모두 하나님의 것이 되도록 해야만 합니다. 그 가운데 가장 먼저 성별해야 할 것이 물질입니다. 이렇게 물질을 성별하여 하나님께 드리면 하나님은 그 물질을 소유하시고 우리가 가진 모든 물질까지 거룩한 물질이 됩니다. 성물이 됩니다.

　둘째로 우리는 시간을 성별해야 합니다. 시간도 가끔 내 것이라고 생각할 때가 많습니다. 하지만 시간이야말로 소유할 수 없습니다. 내 것이라고 주장할 수가 없습니다. 시간은 소유하는 것이 아니라 그 시간에 존재하는 것입니다. 이 시간도 누구에게나 24시간 허락하셨지만 이 시간이 내 시간으로 사용되어지기 위해서는 하나님이 생명을 주셔야 합니다. 생명이 허락되지 않는 한, 결코 시간이 내 시간이 될 수가 없습니다. 우리는 안식일에 하나님께 시간을 드립니다. 그 시간에 하나님과 함께 하면서 교제를 나눕니다. 그러면서 이 시간이 모두 거룩해집니다. 그 거룩해진 시간을 우리는 영원한 지금이라고 말합니다. 지금이긴 하지만 영원으로부터 온 시간, 영원이라는 시간, 이것을 우리가 누리게 됩니다.

"하나님은 그날을 소유하셨고 복 주셨으며 안식하셨고 평안하셨습니다. 하나님이 들어가셔서 안식하시는 그곳에 거룩함이 있습니다. 그러므로 그분의 안식에 동참할 때에 우리도 거룩함에 동참할 수가 있습니다."(同書, 59쪽)

『나는 안식과 결혼하였다』(도서출판 메누하) 라는 저의 책에서 저는 율법적 안식일과 복음적 안식일을 구분하여 말씀드렸습니다. 안식의 주인이신 예수 그리스도를 만나는 것이 중요한 안식의 의미입니다. 예수님이 안 계신 안식일은 의미가 없습니다. 바리새인들은 지키는 안식일, 곧 율법적 안식일을 중요하게 생각하고 일로부터 퇴거명령을 내리고 있지만 복음적 안식일은 예수님과의 만남, 교제를 중요하게 생각합니다. 예수님과의 만남을 통해서 우리들은 진정한 안식, 메누하를 누리게 됩니다. 이러한 시간은 현재이면서도 영원과 연결됩니다. 그러한 시간을 우리는 카이로스라고 말합니다. 카이로스, 하나님의 충만한 때는 우리 가운데 침투해 들어오면서 우리의 시간을 충만하게 만듭니다.

셋째로 우리의 몸을 할례를 받아야 합니다. 성별해야 합니다. 몸으로 드리는 예배가 가장 아름답습니다. 우리의 생활 전체가 아름다운 예배, 드리는 삶이어야 합니다. 그렇다면 우선 우리의 몸 전체를 성별하여야 합니다. 눈도, 귀도, 입도, 몸도 모두 성별해야 합니다. 그러한 표시로 이스라엘 남자들은 할례를 받았습니다. 하지만 이제는 몸의 할례를 받아야 합니다. 삶의 할례를 받아야 합니다.

보암직도 하고 먹음직도 하고 지혜롭게 할 만큼 탐스러운 선악을 알게 하는 나무의 열매를 보고 불순종하여 타락하게 된 아담과 이브는 이제, 눈도 귀도 입도 하나님을 향해야 합니다. 그 열매를 먹어서 타락하기보다는, 하나님의 양식과 떡을 먹지 않아서 타락하는 것이 더 합당한 표현이라고 봅니다. 하나님의 양식을 보고, 먹고, 하나님의 음성을 들을 때만이 거룩한 생활을 할 수가 있습니다. 이렇게 믿음으로 생명을 얻고, 순종으로 자유를 얻은 후에는, 거룩으로 의(義)의 백성이 되어야 합니다. 날마다 의의 기름부음을 받는다면 반드시 살게 될 것입니다. 반드시 승리할 것입니다. 거룩으로 옷을 입으세요. 그러면 하나님이 우리의 하나님이 되십니다.

"하나님은 자기 백성의 거룩함으로 영광을 받으십니다. 참된 거룩함은 항상 하나님께만 영광을 돌립니다. 하나님의 영광을 위해 사십시오. 이것이 거룩함입니다. 거룩한 삶을 사십시오. 이것이 하나님을 영화롭게 할 것입니다. 자아를 버리고 하나님의 영광만을 추구하는 것이 곧 거룩함입니다"(同書, 77쪽).

생명과 자유의 기름부음

제4부
생명나무

여호와께서 아브람에게 이르시되 너는 너의 고향과 친척과
아버지의 집을 떠나 내가 네게 보여 줄 땅으로 가라
내가 너로 큰 민족을 이루고 네게 복을 주어
네 이름을 창대하게 하리니 너는 복이 될지라

(창 12:1,2)

생기야 들어가
붙어살지어다

 "주 여호와께서 이 뼈들에게 이같이 말씀하시기를 내가 생기를 너희에게 들어가게 하리니 너희가 살아나리라"(겔 27:5).

　이렇게 선악을 알게 하는 나무로 인하여 두 가지 관점을 가지고 갈등을 하며 죽음에 이르게 될 때에, 하나님은 십자가의 도(道)를 통하여 중심이동을 하게 하십니다. 하나님이 원하시는 것은 하나님이 되시는 것입니다. 선악을 알게 하는 나무를 바라보게 되면 반드시 죽게 됩니다. 하지만 뿌리를 바꾸고 중심이동을 하고 하나님을 바라보면 생명을 얻게 되고 영생을 얻게 됩니다. 드디어 하나님은 중심이동을 한 이들에게 놀라운 생명의 기름부음을 부어주십니다.

　하나님은 생명나무를 바라봄으로 생명을 얻게 하십니다. 그들이 정녕 죽을 수밖에 없고 죽음의 족보에 들어갈 수밖에 없었지만 하나님은 죄 아래 들어간 인간들에게 다시 한 번 더 기회를 주십니다. 그것이 바로 뿌리를 바꾸도록 하시는 것입니다.

　성경에는 생명의 기름부음으로 가득 차 있습니다. 생명의 기름부음은 창조주 하나님으로부터 오는 기름부음입니다. 생명의 샘에서 흘러나오는 기름부음입니다. 살리는 기름부음입니다. 그 뿌리가 영원한 생명에 근거한 기름부음입니다. 능력과 자유와 힘과 지혜와 치유와 기쁨의 기름부음입니다. 핍박에도 이길 수 있는 기름부음이며, 슬픔에서도 노래할 수 있는 기름부음입니다. 고아와 같은 심정으로 기도하고 있던 제자들에게 새 술에 취하여 새 노래를 부를 수 있게 한 기름부음이었습니다. 사도 바울이 옥에서도 찬양할 수 있게 한 기름부음이었습니다.

세계가 창조될 때부터 성령은 온 지면에 운행하셨고, 온 세계를 낳으시고 생명을 주셨습니다. 아담이 받은 하나님의 호흡도 역시 생명의 기름부음, 성령의 기름부음이었습니다. 이 생명의 기름부음은 중대한 사역을 하러 나가는 이들에게 주어졌고, 그러한 특별한 기름부음으로 인하여 핍박을 받을 수 있는 사람들로 변화되었습니다. 기름부음을 받기 전에는 평범한 사람들이었는데 주님을 만나고, 기름부음을 받고 나서 아주 특별한 사람들이 되었습니다.

용기가 없었던 사람들에게 용기가 생겼고, 재주가 없었던 사람에게 공교한 재주가 생겼고, 힘을 잃고 있었던 사람에게 새로운 힘이 부어졌습니다. 생명의 기름부음이 있는 곳마다 생명의 역사, 다시 살아나는 역사가 불 일듯 일어났습니다.

세상에서 최초로 기름부음을 받은 사람은 바로 아담입니다. 아담은 땅의 흙으로 만들어졌습니다. 아담은 단지 흙일뿐이었습니다.

흙으로 모양이 빚어지기는 한 상태이지만 결코 살아 움직이지를 못했습니다. 그때 하나님은 생기를 그 코에 불어 넣어주셨습니다. 하나님의 숨을 넣어주셨을 때, 아담은 비로소 생명체가 되었습니다. 이것이 아담이 받은 최초의 생명의 기름부음이었습니다. 기름부음은 이렇게 생명을 낳습니다,

아담이 홀로 고독하게 살고 있을 때, 하나님은 아담에게 새로운 반려자를 만들어주십니다. 그때에 아담을 잠자게 하십니다. 이것도 또한 기름부음이었습니다. 능력의 기름부음이었습니다. 하나님의 능력 아래 쓰러지게 만든 것입니다. 강력한 기름부음이 아니었다면 여자를 만들기 위해 뼈를 꺼내었을 때에, 아담이 그대로 있었을 리가 없습니다. 하나님의 기름부음으로 깊은 잠으로 들어갈 수가 있었습니다. 이때에 하나님은 하와를 사람으로 만들어서 아담 앞으로 데리고 왔습니다. 아담은 자신이 태어날 때 기름부음을 받았고, 아내를 태어나게 할 때에도 생명의 기름부음 안에 쓰러져 있었습니다.

이렇게 기름부음이 있는 곳에 생명이 있습니다. 또한 기름부음은 생명을 낳습니다. 하나님은 이러한 기름부음이 영원하기 위한 처방을 주십니다. 그것이 생명나무를 먹도록 하신 것입니다.

에스겔의 마른 뼈가 있던 골짜기로 가 보도록 하겠습니다. 하나님은 권능으로 에스겔을 깊은 마른 뼈들이 있는 골짜기로 데리고 가셨습니다. 그리고 이 뼈들이 살겠느냐고 물어보셨습니다. 정말

이렇게 오래되어 물기 하나 없는 마른 뼈가 살겠습니까? 에스겔이 "주께서 아시나이다." 라고 대답하자 하나님께서는 그럼 "너는 대언하라."고 명령하십니다. 그러면 하나님께서 "내가 생기를 너희에게 들어가게 하리니"라고 말씀하십니다. 바로 이 생기가 하나님의 호흡이요, 성령의 바람이요, 거룩한 생명의 기름부음입니다. 생명의 기름부음이 있는 곳에 마른 뼈들이 살아납니다. 생명의 기름부음에게는 살리는 능력이 있습니다. 그러므로 우리 모두에게 이 기름부음이 필요합니다.

저에게도 오랫동안 가정 경제가 마른 뼈와 같았던 때가 있었습니다. 이것을 해도, 저것을 해도 가정에 필요한 수입은 들어오지 않았습니다. 아이들은 대학도 가야 하고, 차도 사 주어야 하고, 가정 살림에 들어가는 것도 만만치 않았습니다. 미국 경제에서는 모든 것이 월세로 나가기 때문에 매월 그것들을 지불하지 않으면 3개월이면 쫓겨나게 됩니다. 그래서 노숙자가 되는 것은 사실 시간 문제였습니다.

주님, 이 마른 경제가 살아나겠습니까?
너는 대언하라, 너의 마른 경제에 대언하라.
그러면 내가 너의 마른 경제에 생기를 넣어 주리라.

하나님의 약속을 믿고 마른 경제에게 대언하기 시작하였습니다. 마른 뼈 같은 경제여! 너는 살아나라! 살아나라! 생기가 들어가 마른 뼈 같은 경제에 붙어살지어다.

그렇게 명령하면서 최종적으로 가난에 대한 랜드웤을 하였습니다. 집 주위에 물과 소금과 기름을 뿌리고 가난의 영을 내어 쫓고 끊임없이 위로부터 오는 신선한 기름부음을 구하였습니다. 그러자 하나님께서 저의 경제에 생명을 불어넣어주셨습니다. 그리고 그분이 진정한 하나님이심을 알게 하셨습니다. 하나님은 저의 경제에 이사야 61장이 이루어지게 하셨습니다. 기름부음이 임하자 경제가 일어났고 사람들이 모여들기 시작했고, 무너졌던 집터를 다시 구축하기 시작하였습니다. 생명의 기름부음이 있는 곳에, 사람들이 모여들고, 경제가 활성화되고, 사역이 활성화됩니다.

"그들은 오래 황폐하였던 곳을 다시 쌓을 것이며 옛부터 무너진 곳을 다시 일으킬 것이며 황폐한 성읍 곧 대대로 무너져 있던 것들을 중수할 것이며 외인은 서서 너희 양 떼를 칠 것이며 이방 사람은 너희 농부와 포도원지기가 될 것이나"(사 61:4,5)

그러면서 제가 깨달은 것은 저에게 필요한 것은 돈이 아니라 기름부음이었다는 것입니다. 기름부음이 있는 곳에는 경제는 따라오게 되어 있고, 사람도 따라오게 되어 있습니다. 기름부음이 있는 곳에 "외인은 서서 너희 양 떼를 칠 것이요, 이방 사람은 너희 농부와 포도원지기가" 됩니다. 사람들이 모여들어 경제를 활성화하고 경제가 활성화되니까 더 많은 사람들이 필요했습니다. 외인들까지 모여

들어 그 사업에 조력자가 됩니다. 교회도 교인들이 늘어나서 더 많은 사역자들이 필요하게 됩니다. 그리고 생명의 기름부음이 충만해지니까 에스겔 47장의 현상이 곳곳에서 나타납니다.

> "이 강물이 이르는 곳마다 번성하는 모든 생물이 살고 또 고기가 심히 많으리니 이 물이 흘러 들어가므로 바닷물이 되살아나겠고 이 강이 흐르는 각처에 모든 것이 살 것이며"(겔 47:9)

살게 하는 생명의 기름부음이 에덴동산에서 흘러서 네 강이 되어 흐릅니다. 그리고 이것이 성경 전체를 흐르고 있으며, 결국에 천국의 보좌에서 흐르는 생명수와 같이 성경을 방문하는 모든 이들을 살립니다.

성경 안에 이 생명의 기름부음이 흐릅니다. 이 생명의 기름부음이 부어지는 곳마다 마른 뼈들이 살아납니다. 마른 건강이 회복됩니다. 마른 손들이 회복됩니다. 이 강물을 마시는 자마다 목이 마르지 않고 소생하게 됩니다. 살아나게 됩니다. 마른 뼈가 살아나듯이 경제가 살아나고, 관계가 살아나고, 사업이 살아나고, 목회가 살아나고, 건강이 살아납니다. 성경은 살아나는 역사입니다. 이 생명의 기름부음이 값없이 우리 모두에게 부어집니다.

오! 사모합니다.
감격합니다.

그 생명수 앞에 나아옵니다.
그 살리는 말씀 앞에 나아옵니다.
그 생명의 기름부음을 한량없이 부어주소서!

"오호라 너희 모든 목마른 자들아 물로 나아오라 돈 없는 자도 오라 너희는 와서 사 먹되 돈 없이, 값없이 와서 포도주와 젖을 사라"(사 55:1).

네가 나를
경외하는 줄을 아노라

"여호와께서 아브람에게 이르시되 너는 너의 고향과 친척과 아버지의 집을 떠나 내가 네게 보여 줄 땅으로 가라 내가 너로 큰 민족을 이루고 네게 복을 주어 네 이름을 창대하게 하리니 너는 복이 될지라"(창 12:1,2).

생명의 기름부음은 하나님을 바라보고, 하나님의 양식을 먹고, 하나님의 음성을 들을 때, 위로부터 부어주시는 기름부음입니다. 생명나무를 바라보는 자들마다, 생명나무의 열매를 먹는 자들마다, 생명나무의 음성을 듣는 자들마다 이러한 생명의 기름부음으로 충만할 것입니다. 생명나무는 영생에 이르도록 하는 그리스도를 상징합니다.

이러한 생명나무를 바라보면서 개척자의 길을 걷게 된 아브라함이야말로 가장 먼저 이 놀라운 기적을 경험한 성경인물이라고 생각이 됩니다. 아브라함은 월신(月神)을 섬기는 사람이었고, 다신(多神)을 섬기는 바벨론에 살고 있던 사람입니다. 그러던 어느 날 아브라함은 하나님의 음성을 듣게 됩니다. 이때 단순히 하나님께서 아브라함에게 말씀으로만 하셨으리라고는 생각지 않습니다. 아브라함이 이 중대한 결정을 하게 된 것은 분명히 하나님을 만나고 대면하였기 때문이라고 믿습니다.

아브라함은 유에서 유를 만들어내는 신들을 섬기고 있었습니다. 한 번도 창조주 하나님을 만나본 적도, 믿어본 적도 없는 사람이었습니다. 그러한 아브라함을 그 우상숭배의 도시에서 과감하게 끌어낼 수 있었던 것은 하나님께서 그와 수시로 대면하셨기 때문이라고 저는 믿습니다. 대면하면서 생명의 기름부음을 받고, 그는 과감하게 고향을 떠나고 하나님께서 인도하실 그 땅으로 나갈 결단을 하게 된 것입니다.

생명나무를 바라보게 된 아브라함은 어디에 가든지 제일 먼저 하나님을 향한 제단을 쌓고 예배를 드렸습니다. 세상의 문화가 이제 예배의 문화로 바뀌게 되었습니다. 생활의 체질이 바뀌게 된 것입니다. 또한 아브라함은 하나님과 중요한 언약을 맺고 그분을 믿음으로 하나님으로 받아들였습니다. 하나님은 때마다 그분이 아브라함과 그의 후손의 하나님이 되시기를 그토록 원하셨습니다.

"내가 내 언약을 나와 너 및 네 대대 후손 사이에 세워서 영원한 언약을 삼고 너와 네 후손의 하나님이 되리라"(창 16:7).

아브라함이 생명나무를 바라보면 바라볼수록, 하나님은 그에게 창조주 하나님으로 나타나십니다. 아기를 한 번도 낳아보지 않았던 아브라함에게 모든 민족의 아비가 되리라고 말씀하신 것은 창조주 하나님만이 하실 수 있는 말씀입니다. 땅 한 평 없는 아브라함, 죽을 때에도 무덤을 만들 자리조차도 없었던 아브라함에게 광대한 땅 가나안 땅을 주겠다고 약속하실 수 있는 분도 역시 창조주 하나님밖에 없습니다.

그래서 이삭을 낳는 과정에서도, 이삭을 바치는 과정에서도 주님은 아브라함을 시험하면서 아브라함의 하나님이 되시기를 그토록 소원하십니다. 하나님이 창조주 하나님이 되시고, 아브라함이 그러한 하나님을 눈으로 뵙고 몸으로 체험하도록 오랜 시간을 이끌어주십니다. 있는 것에서 있는 것을 만들어(야차르)내는 이방신이 아닌, 무에서 유를 창조(바라)해내시는 하나님을 하나님으로 고백하고 그의 다스림을 받을 수 있을 때까지 하나님은 아브라함을 기다리십니다. 그리고 결국에는 아브라함에게 창조주 하나님이 되셨습니다.

뱀의 음성을 듣는 바람에 타락하게 된 하와와 같이 아브라함 역시 아내의 말을 들으면서 차선을 택하는 우를 범하기도 했습니다. 하지만 그러한 과정들을 거치면서 아브라함은 더욱 더 하나님의 음성 듣기를 소원하며, 더욱 친밀하게 하나님 앞에 나아갔습니다. 더이상 뱀의 속임수에 넘어가지 않고 하나님의 음성을 들으면서 그분 앞에 자신의 문제들을 들고 나갔습니다. 두려우면 두렵다고 고백을 하고, 도움이 필요하면 도와달라고 하였으며, 심판이 내리려고 하면 심판을 거두기 위하여 간절하게 주님에게 매달리는 기도를 하였습니다.

모리아 산에서 이삭을 바치러 가는 아브라함에게는 하나님께서 모든 것을 만드시고, 창조하시고, 인도하신다는 고백이 있었습니다. 고향을 떠나라고 할 때보다도 더 큰 명령에 대하여 묵묵히 순종할 수 있었던 것은 그 하나님이 아브라함에게 하나님이 되셨기 때문이었습니다. 능력의 하나님, 창조주 하나님이 아브라함에게 여호와 이레, 준비해주시는 하나님으로 자리매김을 합니다. 제사드릴 제물이 어디 있느냐고 묻는 아들에게 아브라함은 하나님께서 준비해주실 것이라는 믿음의 고백을 합니다.

"이삭이 그 아버지 아브라함에게 말하여 이르되 내 아버지여 하니 그가 이르되 내 아들아 내가 여기 있노라 이삭이 이르되 불과 나무는 있거니와 번제할 어린 양은 어디 있나이까 아브라함이 이르되 내 아들아 번제할 어린 양은 하나님이 자기를 위하여 친히 준비하시리라 하고 두 사람이 함께 나아가서"(창 22:7,8)

마침내 하나님은 이삭을 번제물로 드리려고 하는 아브라함에게 이렇게 말씀하십니다.

"네가 네 아들 네 독자까지도 내게 아끼지 아니하였으니 내가 이제야 네가 하나님을 경외하는 줄을 아노라"(창 22:12).

하나님이 원하시는 것은 이삭이 아니라 이삭까지도 아끼지 않고 자신을 비우면서 하나님을 높여드리는 아브라함의 신앙고백이었습니다. 너는 어느 정도로 나를 사랑하느냐? 하나님은 아브라함으로부터 이 사랑의 고백을 받고 싶었던 것입니다. 아브라함에게 진정으로 하나님이 되고 싶으셨던 것입니다.

하나님은 이렇게 생명나무를 바라보면서 우리들이 하나님의 백성이 되기를 원하셨지만 선악을 알게 하는 나무를 바라봄으로 하나님이 하나님이 되시는 축복을 빼앗겼습니다. 반드시 죽을 수밖에 없었습니다. 하지만 하나님은 지속적으로 우리가 생명나무를 바라보도록 인도하십니다. 아브라함이 하나님을 믿으매 하나님이 의로 여기시자 의의 기름부음이 부어졌으며, 아브라함은 풍성한 생명나무의 열매를 먹을 수가 있었습니다. 생명나무를 바라보면 바라볼수록 하나님과의 친밀한 관계가 더 깊어졌습니다.

하나님은 너무 기쁘셔서 아브라함에게 다음과 같이 축복을 하셨습니다.

"내가 네게 큰 복을 주고 네 씨가 크게 번성하여 하늘의 별과 같고 바닷가의 모래와 같게 하리니 네 씨가 그 대적의 성문을 차지하리라 또 네 씨로 말미암아 천하 만민이 복을 받으리니 이는 네가 나의 말을 준행하였음이니라 하셨다 하니라"(창 22:17,18).

하나님이 생명나무를 임의로 먹도록 허락하신 것은 그 생명나무를 먹는 것이 우리에게 생명이 되기 때문입니다. 저는 언제나 그렇게 믿습니다. 하나님이 우리에게 허락하신 것도, 금하시는 것도 모두가 우리를 살리기 위함이라고 하는 것입니다. 생명이 되기 때문에 허락하시고, 죽음이기 때문에 막으시는 것이 주님의 사랑이라고 믿습니다. 우리에게 가장 좋은 것을 주시기를 원하시는 하나님의 사랑이 이 명령에 숨어있습니다. 가장 좋은 것, 생명, 영생을 주고자 하시는 주님, 그래서 하나님이 되고 싶으신 주님. 그분이 우리의 하나님이 되신다고 한다면 우리는 최고의 복을 누리고, 최고의 안정을 누릴 것입니다. 그러한 복을 주시기 위하여 주님은 오늘도 내가 너의 하나님이 되고 싶다고 말씀하십니다. 아브라함의 하나님이 되시기를 원하시고, 친히 아브라함의 하나님이라고 말씀하신 그분께서 우리의 하나님이 되고 싶다고 지금도 말씀하십니다.

허벅지 관절이
어긋났더라

"밤에 일어나 두 아내와 두 여종과 열한 아들을 인도하여 얍복 나루를 건널 새 그들을 인도하여 시내를 건너가게 하며 그의 소유도 건너가게 하고 야곱은 홀로 남았더니 어떤 사람이 날이 새도록 야곱과 씨름하다가 자기가 야곱을 이기지 못함을 보고 그가 야곱의 허벅지 관절을 치매 야곱의 허벅지 관절이 그 사람과 씨름할 때에 어긋났더라"(창 32:22-25).

아브라함이 개척자의 기름부음을 받았다고 한다면 모태신앙으로 태어난 야곱의 씨름은 침체되어가는 후손들의 믿음을 향한 몸부림으로 보입니다. 저도 모태 신앙으로 태어나서 뭐든지 "모태요(못해요)."라고 고백하며 살아왔는데 생명의 기름부음이 임하면서 할 수 없는 것을 하게 되었습니다. 할아버지 목사님, 아버지 목사님, 그리고 제가 3대 목사이면서 마치 야곱처럼 느껴질 때가 많습니다. 부모님들의 기도, 부모님들의 신앙생활에 의지하여 자칫 침체될 수 있는 믿음의 세계에 몸부림치며 들어왔기 때문입니다. 제가 아들을 낳으면서 이름을 야곱(jacob)이라고 명명한 것도 저도 야곱처럼 믿어보고 싶었기 때문입니다. 이제 제 자신이 믿음생활과 씨름하고 싶었기 때문입니다.

제가 아들을 낳았을 때는, 저의 아버님이 돌아가신 지 2달이 지난 후였습니다. 아버님을 잃어버린 큰 슬픔에 아들을 낳았지만 전혀 기쁨을 느낄 수가 없었습니다. 단지 매달리고 싶었습니다. 할아버지, 그리고 저의 아버님이 그토록 소중하게 일생을 헌신하였던 그 하나님께 매달리고 싶었습니다. 그분이 누구시기에, 이 두 분이 일생을 하나님에게 드렸을까? 궁금해지기 시작하였습니다. 두 분이 자신의 인생을 드린 분이라면 분명히 저의 인생도 드릴만한 가치가 있으신 분이라는 것을 믿었습니다. 일생 처음으로 저는 주님 앞에 절규하면서 기도하였습니다. "윤태현 목사님의 하나님, 윤성범 박사님의 하나님, 그 하나님이 저의 하나님이 되어 주십시오." 그렇게 부르짖으면서 아들 이름을 야곱이라고 지었습니다. 그 이름을 기억할 때마다, 제가 절규하면서 기도하던 때를 기억하려고 했습니다. 그리고 아브라함의 하나님, 이삭의 하나님이 야곱의 하나님이 되신 것처럼, 천대를 내려가며 우리 가정의 하나님이 되어 주시기를 원하였습니다.

> "여호와께서 시온에서 네게 복을 주실지어다 너는 평생에 예루살렘에 번영을 보며 네 자식의 자식을 볼지어다 이스라엘에게 평강이 있을지로다"
> (시 128:5,6).

야곱은 주님과 사람과의 씨름에서 허벅지 관절이 어긋날 때까지 주님과 대면합니다. 밤새도록 생명의 기름부음을 받습니다. 베델에서도 그랬던 것처럼 야곱은 절박한 상태에서 하나님에게 매달립니다. 그래서 자신의 땅 끝에 가는 용기가 생긴 것 같습니다.

기름부음이 우리에게 임하면 '땅 끝까지 가서 증인'이 된다고 사도행전에서는 선포하고 있습니다. 기름부음은 땅 끝까지 가서 증인이 되게 하는 능력이 됩니다. 기름부음은 할 수 없는 것을 하게 하는 능력이요, 자연적인 인간이 할 수 없는 일을 하게 하시는 초자연적인 하늘로부터 오는 능력입니다. 이 능력이 임하면 땅쪽 끝까지 가서 복음을 전할 수 있다고 하셨습니다. 이 능력이 야곱에게도 임하였습니다.

그렇다면 땅 끝은 어디를 말합니까? 보통 땅 끝의 의미를 정의 내린다면 가장 먼 곳이 땅 끝입니다. 저는 과거의 사람들이 땅 끝을 어디라고 보았는지 연구할 필요가 있다고 생각이 됩니다. 과거의 사람들은 지구는 평면으로 되어 있기에 절벽처럼 끝나버리는 곳이 땅 끝이라고 생각했던 것 같습니다. 지구를 둥그런 것으로 생각하지 않았기 때문에 그들은 땅을 계속 가다보면 땅의 끝이 나오고 더 이상 갈 수 없는 곳이 있다고 믿었던 것 같습니다. 하지만 지금 우리가 생각할 때 지구가 둥그렇기 때문에 가도 가도 땅의 끝은 나오지 않습니다. 그런 의미에서 과거 그들이 생각하는 땅 끝과 우리가 생각하는 땅 끝은 다른 곳이라고 믿습니다.

저는 그런 면에서 가장 자신이 가기 어려운 곳이 땅 끝이라고 생각이 됩니다. 수가의 사마리아 여인에게는 동네로 뛰어 들어가는 것이 땅 끝으로 가는 것이었으며 12년 동안 혈루증 걸린 여인에게는 군중들이 그녀의 땅 끝이었고 야곱에게는 그의 형님을 만나는 것이 땅 끝이었던 것입니다.

야곱은 에서가 받아야 할 장자의 축복을 훔쳐서 도망간 자입니다. 그의 일생은 가인과 마찬가지로 쉼이 없는 도망자의 삶이었습니다. 언제나 마음속에는 부모님에 대한 그리움이 자리 잡고 있었고 다른 한편에는 형님에 대한 악몽을 항상 꾸고 있었습니다. 형님 에서가 복수의 마음을 갖고 자신을 해칠 것을 염려하였고 그 형님을 본다는 것은 사실 가능한 일이 아니었습니다. 야곱에게 가장 무서운 사람은 형님이었고 그 형님을 만나는 것이 땅 끝으로 가서 복음을 전하는 증인의 삶만큼 어려운 것이었습니다. 그것은 순교를 각오하고 가야 하는 결단이었습니다.

그런데 야곱이 형님을 만나러 가게 됩니다. 짐도 나누고 사람도 나누며 형님을 만나러 가게 됩니다. 그런데 형님을 만나기 바로 전날 얍복 강에서 야곱이 하나님과 사람과 더불어 싸움을 하게 됩니다. 그것이 바로 야곱에게는 기름부음의 사건과도 같았습니다. 주님의 영광 앞에 설 때에, 천상의 존재와 그 앞에 서게 될 때에 생명의 기름부음을 받게 되는 것입니다. 그는 비록 허벅지 관절이 어긋나 절름발이가 되었지만 새로운 이름을 얻게 되었습니다. 속이는 자로서의 야곱이 아니라 이스라엘이라는 이름을 얻게 됩니다. 기름부음을 받은 자로서 새 이름을 얻게 됩니다. 천상의 이름을 얻게 됩니다.

"그가 이르되 네 이름을 다시는 야곱이라 부를 것이 아니요 이스라엘이라 부를 것이니 이는 네가 하나님과 및 사람들과 겨루어 이겼음이니라"(창 32:28).

그리고 형님을 만나러 가게 됩니다. 기름부음을 받고 자신이 가장 두려워하던 존재, 형님에게로 나아갑니다. 기름부음을 받고 땅 끝으로 갈 수 있는 용기가 생긴 것입니다. 야곱에게 있어서 일생일대의 가장 중요한 순간입니다. 그런데 그 형님과 대면하게 되면서 이렇게 고백합니다.

"야곱이 이르되 그렇지 아니하니이다 내가 형님의 눈앞에서 은혜를 입었사오면 청하건대 내 손에서 이 예물을 받으소서 내가 형님의 얼굴을 뵈온즉 하나님의 얼굴을 본 것 같사오며 형님도 나를 기뻐하심이니이다"(창 33:10).

그 두렵고 무서운 형님에게서 하나님의 얼굴을 본 것 같다는 고백을 야곱이 합니다. 이것이 생명나무를 바라본 자의 열매입니다. 두려움이 아니라 사랑이며 무서움이 아니라 기쁨으로 만날 수 있는 담대함이 바로 기름부음의 열매였던 것입니다. 얍복강에서 하나님과 사람과 더불어 싸움이 없었다면 야곱은 결코 형님 앞에 이렇게 대담하게 설 수가 없을 것입니다. 서로 기뻐하며 바라볼 수가 없었을 것입니다. 야곱 개인으로서는 할 수 없는 일이 일어난 것입니다. 땅 끝으로 달려가 서로 사랑을 나눌 수가 있었던 것입니다. 땅 끝으로 가게 하는 용기, 그것이 바로 생명의 기름부음에서 나오는 용기입니다. 생명의 기름부음을 마음껏 누린 사람이 있다면 바로 야곱일 것입니다. 자신의 땅 끝을 용기 있게 갈 수 있게 되었고, 자신의 땅 끝인 형 에서를 사랑으로 대면할 수 있었던 것은 그가 생명나무를 바라보았기 때문입니다. 그래서 하나님께서 야곱의 하나님이 되실 수가 있었습니다.

"나는 아브라함의 하나님이요 이삭의 하나님이요 야곱의 하나님이로라 하신 것을 읽어 보지 못하였느냐 하나님은 죽은 자의 하나님이 아니요 살아 있는 자의 하나님이시라 하시니 무리가 듣고 그의 가르치심에 놀라더라"(마 22:32).

하나님은 죽은 자의 하나님이 아니요, 산 자의 하나님이십니다. 생명나무를 바라보고, 생명나무의 음성을 들으며, 생명나무를 먹는 자들의 하나님이신 것입니다. 아브라함과 이삭과 야곱이 바리새인도 아니요, 서기관도 아니요, 믿음으로 하나님께 나아간 자이기 때문입니다. 그래서 그들의 하나님이 되셨던 것입니다.

야곱이 얍복강에서 하나님과 사람과 더불어 싸워 이긴 후에, 그는 진정한 믿음의 사람이 되었습니다. 그 전에는 두렵고, 속이는 자로 살았지만 이제는 하나님을 대면한 사람이 되었습니다. 생명나무를 바라보게 되었습니다. 이전에는 에서와 야곱이 갈등을 느끼는 자들이었지만 이제는 사랑 안에서 한 형제로 만나게 되었습니다. 예전에는 빼앗고, 빼앗김을 당한 자들로서 악의를 품고 살았지만 이제는 서로 사랑으로 하나가 되었습니다. 하나님은 그러한 야곱에게 내가 너의 하나님이라고 말씀해주셨습니다. 이 약속은 대대로 이어졌고, 하나님은 어디에서나 자신을 계시하실 때, 나는 아브라함과 이삭과 야곱의 하나님이라고 말씀해주셨습니다. 이제 야곱은 생명의 백성이 되었으며, 하나님께 대하여 산 자가 되었습니다.

누가 나를
보냈다고 하리이까?

"모세가 하나님께 아뢰되 내가 이스라엘 자손에게 가서 이르기를 너희의 조상의 하나님이 나를 너희에게 보내셨다 하면 그들이 내게 묻기를 그의 이름이 무엇이냐 하리니 내가 무엇이라고 그들에게 말하리이까?"(출 3:13)

또 하나의 땅 끝 이야기가 있다고 한다면 아마 모세일 것입니다. 모세에게 땅 끝이 있다고 한다면 그것은 분명히 애굽일 것입니다. 그는 애굽의 공주의 아들로 자라났지만 애굽에서 사람을 죽이고 도망 나온 뼈아픈 과거를 가지고 있었습니다. 야곱이 도망 나온 것처럼 모세도 도망 나와서 광야의 생활을 40년 하게 됩니다. 그곳에서 이드로의 딸과 결혼하여 평범한 목자의 삶을 살고 있었습니다. 그러한 모세에게 주님이 다가와서 기름 부어주시고 애굽을 향한 미션을 명령하십니다.

애굽으로 내려가서 그 민족을 구원하라는 명령은 모세에게 있어서 가장 감당하기 어려운 명령이었습니다. 다른 것은 다 할 수 있어도 애굽으로 내려가서 그 일을 하는 것만큼은 결코 할 수 없는 일이었습니다. 두려움이 있는 곳, 그리고 그곳에서 자신이 범한 살인의 기억이 있는 곳으로, 애굽으로 내려갈 수 없는 인물이 바로 모세 자신이었던 것입니다. 하나님은 모세를 불러 바로 그곳으로 내려가라고 하십니다.

"모세가 여호와께 아뢰되 오 주여 나는 본래 말을 잘 하지 못하는 자니이다 주께서 주의 종에게 명령하신 후에도 역시 그러하니 나는 입이 뻣뻣하고 혀가 둔한 자니이다"(출 4:10).

모든 선지자들이 소명을 받을 때 한 번쯤은 거부를 하고 변명을 하는 것처럼 모세도 그럴듯한 변명을 하면서 주님이 주시는 선교의 명령을 거절합니다. 혀가 둔하다는 이유로 갈 수 없다고 그 소명에 반기를 듭니다. 하지만 하나님은 아론이라는 형제를 옆에 두어서 말하게 하실 것이며 또한 주님이 친히 동행하시면서 함께 하실 것을 약속하십니다.

모세에게 있어서 호렙산의 경험은 아주 특별한 기름부음의 사건이었습니다. 하나님께서 떨기나무 불꽃 가운데에서 나타나셨는데 떨기나무에는 불이 붙었지만 떨기나무는 타지 않는 경험을 하였던 것입니다. 이것은 주님의 영광 앞에 선 경험이었습니다. 불꽃으로 임하신 주님 앞에 모세가 서 있었던 것입니다. 이것은 모세에게 거룩한 경험이었고 '스스로 존재하시는 주님'을 만나는 특별한 경험이었습니다. 그곳에서 모세는 기름부음의 거룩한 체험을 하게 됩니다.

"모세가 그 장인 미디안 제사장 이드로의 양 떼를 치더니 그 떼를 광야 서쪽으로 인도하여 하나님의 산 호렙에 이르매 여호와의 사자가 떨기나무 가운데로부터 나오는 불꽃 안에서 그에게 나타나시니라 그가 보니 떨기나무에 불이 붙었으나 사라지지 아니하는지라"(출 3:1,2).

"하나님이 이르시되 이리로 가까이 오지 말라 네가 선 곳은 거룩한 땅이니 네 발에서 신을 벗으라"(출 3:5).

과거의 내 마음대로 행하였던 신발, 그리고 내 마음대로 가고 싶었던 곳을 갔던 신발을 벗고 주님의 거룩한 임재 앞으로 나아오라고 말씀하십니다. 모세는 새 신발을 신게 됩니다. 자신의 의지대로 가고 싶은 곳을 가는 신발이 아니라 '복음의 예비한 새 신발, 천상의 신발'을 신게 됩니다. 주님이 가라고 하는 곳에 순종하며 가는 신, 그 신을 새롭게 신게 됩니다. 이것이 기름부음을 받고 변화된 삶을 살게 된 열매입니다.

그것이 그렇게 쉽게 되는 것은 아니었습니다. 하나님은 여러 가지 표적을 보여주시면서 권능으로 함께 하실 것을 약속하십니다. 이러한 권능이 바로 생명의 기름부음인 것입니다. 애굽이라는 땅 끝으로 가는 모세에게 있어서 이러한 권능이 함께 하지 않았다면 애굽으로 갈 수 있는 용기는 그에게 전혀 없었을 것입니다. 생각도 해보지 않았을 것입니다.

"여호와께서 이르시되 만일 그들이 너를 믿지 아니하며 그 처음 이적의 표적을 받지 아니하여도 나중 표적의 표징은 믿으리라"(출 4:8).

기적과 이적으로 함께 하시면서 모세를 애굽으로 보내시는 하나님, 모세는 드디어 땅 끝을 향해 나아갑니다. 처음에 모세는 주저했지만 갈수록 주님이 함께 하시는 권능을 체험합니다. 애굽에서 열 가지 재앙으로 바로 왕 앞에 섰지만 모세는 담대하게 바로와 싸웁니다. 바로와 싸우시는 이는 바로 여호와 하나님, 여호와 닛시의 하나님이시기 때문입니다. 그분이 모세를 애굽이라는 장소, 살인의 장소, 두려움의 장소로 보내시면서 그 모든 것을 이길 수 있는 생명의 기름부음을 부어주셨습니다. 계속해서 불기둥, 구름기둥으로 모세와 함께 하시면서 땅 끝으로 달려가 죽을 수 있는 용기를 허락해 주셨습니다. 기름부음은 이렇게 땅 끝까지 달려가서 증인이 되게 하는 권능을 주십니다.

그런데 모세에게 있어서 이 땅 끝으로 내려갈 수 있었던 것은 기적을 체험했기 때문이라기보다는 그가 여호와 하나님을 만났기 때문입니다. 모세는 누가 자신을 애굽으로 보내는지 알고 싶었습니다. 물론 조상의 하나님인 것은 알았지만 그분의 본질과 능력이 더 알고 싶었던 것입니다. 그래서 모세가 처음으로 그분의 이름을 묻습니다.

"하나님이 모세에게 이르시되 나는 스스로 있는 자이니라 또 이르시되 너는 이스라엘 자손에게 이같이 이르기를 스스로 있는 자가 나를 너희에게 보내셨다 하라"(출 3:14).

모세가 하나님의 이름을 물은 것은 그의 존재를 확인하는 질문이었습니다. 왜냐하면 이름은 곧 그분의 존재, 명예, 품성, 인격을 나타나기 때문입니다. 그러므로 "저를 애굽으로 보내시는 당신은 어떤 존재입니까?"라고 확실하게 질문하고 있는 것입니다. 하나님께서는 당신의 이름을 계시하시고 출애굽기 3장 15절에 그 이름이 "나의 영원한 이름이요, 대대로 기억할 나의 칭호니라."고 설명해 주십니다.

여호와라는 말은 영원자존자라는 뜻입니다. 즉 나는 스스로 있는 자라는 뜻입니다. 성경에 오직 그분만이 스스로 있는 자이십니다. 그러므로 여호와 하나님 이외에는 모두가 근본적으로 없는 자들입니다. 그 없는 것이 있는 자이신 여호와 하나님께서 있으라 하시므로 존재하게 되었던 것입니다. 이 이름은 우주 가운데 오직 여호와라 이름하신 분만이 있는 자요, 그 외의 것은 여호와라 이름하신 하나님이 있게 했을 때 비로소 있게 되는 존재라는 것을 의미합니다. 여호와라 이름하신 하나님은 그 존재의 원인과 존재 근거가 바로 당신 안에 있음을 선포하고 계십니다.

우리는 우리의 존재 원인이 나 밖에 있습니다. 다시 말하면 내가 있고 싶다고 해서 있고, 없고 싶다고 해서 없을 수 없습니다. 우리 자신은 스스로 존재할 수 없습니다. '나는 있다' 라고 선포하신 분이 우리에게 '너도 있으라' 해야 있을 수 있는 제한된 피조물인 것입니다. 모세는 여기에서 창조주 하나님을 만납니다. 여호와 하나님께서 말씀하시지 않으면, 그분으로 말미암지 않고는 어떤 것도 존재할 수 없다는 것을 알게 됩니다.

"네 구속자요 모태에서 너를 지은 나 여호와가 이같이 말하노라 나는 만물을 지은 여호와라 홀로 하늘을 폈으며 나와 함께 한 자 없이 땅을 펼쳤고"(사 44:24)

모세가 땅 끝으로 갈 수 있었던 것은 하나님을 대면하였기 때문입니다. 광야와 양들만을 바라보면서 살고 있던 모세에게 하나님은 직접 대면하시고 자신을 열어 보이십니다. 창조주 하나님으로 열어 보여주십니다.

이렇게 창조주 하나님이 너와 함께 하는데 네가 무엇을 두려워하느냐? 내가 너의 입을 창조하였고, 너의 숨을 허락하였는데 애굽으로 내려가는 것이 무엇이 두려우냐? 내가 너와 함께 할 것이다. 내가 너의 말이 되어 줄 것이고, 내가 너의 강한 팔이 되어 줄 것이다.

아마 이렇게 말씀하셨을 것 같습니다. 그분은 존재의 처음이자 마지막이요, 어떤 도움도 없이 스스로 존재하신 분이십니다. 그분이 모든 존재를 규명하였고, 존재에 한계를 지어주신 분이십니다.

그분과 함께라면 모세가 애굽으로 내려갈 만 하지 않겠습니까?

"오직 주는 여호와시라 하늘과 하늘들의 하늘과 일월성신과 땅과 땅 위의 만물과 바다와 그 가운데 모든 것을 지으시고 다 보존하시오니 모든 천군이 주께 경배하나이다"(느 9:6).

하나님께서 이렇게 친히 모세에게 이름을 계시하신 것은 하나님께서 모세에게 살아있는 하나님이 되시기를 원하셨기 때문입니다. 모세가 애굽으로 내려갈 수 있었던 것도 살아계신 히브리 민족의 하나님을 만났기 때문입니다. 엄마로부터 유모로부터 전해 받았을 그 하나님을 개인적으로 인격적으로 다시 만날 수 있었기 때문입니다. 스스로 존재하시는 분, "나는 있다."라고 말씀하실 수 있는 분을 호렙산에서 만났기 때문입니다.

이 신비롭고 놀라운 경험은 모세로 하여금 애굽으로 발길을 옮기게 하고, 할 수 없는 일들을 할 수 있도록 기름 부어줍니다. 호렙산에서의 하나님과의 대면, 그리고 당신의 이름을 친히 계시하여 주신 하나님은 모세로 하여금 그 하나님이 창조주 하나님이요, 너의 조상의 하나님이요, 그들 백성을 그토록 포기하지 않고 구원하시기를 원하시는 언약의 하나님이심을 알게 하십니다.

땅과 광야와 양만을 바라보고 가족적으로 살아가고 있던 모세는 이 광대하시고 전지전능하시고 창조주이신 하나님 앞에 무릎을 꿇습니다. 그리고 애굽으로 내려갑니다. 이제 그분은 모세의 하나님이 되셨습니다. 또한 놀라운 하나님이심을 계속 알게 될 것입니다. 출애굽은 바로 모세 개인에게도 커다란 의미가 있습니다. 과거에 붙잡혀 살면서 자신을 숨기고 있었던 모세에게도 예비된 출애굽이 기다리고 있었기 때문입니다. 스스로 존재하시는 분이 그를 애굽에서 건져낼 것입니다. 과거의 실패자, 살인자로서의 과거로부터 모세를 건져내실 것입니다. 모세는 이 놀라운 이름 앞에서 자신의 모든 결정과 판단과 미래를 내려놓습니다.

생명나무를 바라보고, 그 생명나무를 대면하고, 그 생명나무의 위엄성을 만난 후, 모세는 자신의 땅 끝으로 내려갑니다. 생명나무의 기름부음을 받았기 때문에 죽음을 두려워하지 않고 애굽으로 갑니다. 살아계신 하나님, 자존자이신 창조주 하나님이 주시는 말씀의 지팡이를 손에 쥐고, 애굽으로 달려갑니다. 땅 끝으로 달려갑니다.

와서
그분을 보라!

"여자가 물동이를 버려두고 동네로 들어가서 사람들에게 이르되 내가 행한 모든 일을 내게 말한 사람을 와서 보라 이는 그리스도가 아니냐 하니 그들이 동네에서 나와 예수께로 오더라"(요 4:28-30).

수가의 사마리아 여인을 보게 되면 가장 용기 있는 여인이라는 생각이 듭니다. 마을의 주민들을 두려워하고 피해 다니던 부정적인 삶을 살던 한 여인이 주님을 만난 후 마을로 뛰어 들어가서 "내가 행한 모든 일을 내게 말한 사람을 와서 보라."고 외칠 수가 있었던 것입니다. 그 여인을 이렇게 동력화하게 만든 근원은 어디에 있습니까? 그것이 바로 기름부음 받은 자, 그리스도를 만났기 때문입니다. 이제 비로소 생명나무 앞에 설 수 있고, 바라볼 수 있게 되었기 때문입니다.

성경을 읽어보게 되면 어디에도 그녀가 기름부음을 받았다는 말씀은 없습니다. 그러나 그녀가 주님을 만났을 때, 그리고 주님의 말씀을 들었을 때 그 말씀이 기름부음의 통로(channel)가 되었습니다. 기름부음을 받을 수 있는 통로가 여러 가지가 있는데 그것이 말씀, 기도, 금식, 예배, 찬양, 춤, 성만찬이라고 말씀드렸습니다. 결국에 주님을 대면하게 되면 가장 큰 기름부음 안으로 들어가게 됩니다. 왜냐하면 그분이 바로 기름부음 받은 자, 메시아이시기 때문입니다. 그분이 생명나무요, 그분이 기름부음의 근원이시기 때문입니다. 주님이 계신 곳에는 주님의 영광이 나타나고 그분의 영광이 있는 곳에는 기름부음이 따라온다고도 말씀을 드렸습니다. 그래서 주님의 영광(glory)과 기름부음(anointing)은 아주 긴밀하게 연관되어 있다고 말씀드렸습니다.

수가의 사마리아 성에 있는 야곱의 우물 곁에서 이 여인과 예수님과의 대화가 시작됩니다. 그동안 옳고 그름에 의하여 정죄를 받았고, 사회적으로 왕따를 당하였던 이 여인이 창조주 하나님, 구원의 예수님을 만나게 됩니다. 생명의 근원이신 예수님을 만납니다. 심판주이신 예수님을 만납니다. 대화를 통하여 말씀을 통하여 이 여인은 생명의 기름부음을 받았습니다.

당연히 예수님은 이 여인을 정죄하고 그러한 인생에서 빨리 손을 떼라고 말씀하실 것 같았지만 오히려 예수님은 하나님께서 진정한 예배자를 찾고 있다고 말씀하셨고, 그 여인 역시 하나님께서 찾고 있는 자 가운데 한 명임을 시사합니다. 신령과 진정으로 예배드리는 자를 찾고 있다고 말씀하십니다. 그러자 그 여인은 마을로 들어가 "와서 그분을 보라."고 외치는 증인의 삶을 살게 되었습니다. 이제 더 이상 피해 다니고 숨어 다녀야 하는 그러한 더러운 여인이 아니라, 하나님을 진정으로 예배드리는 예배자로 다시 거듭나면서 마을로 뛰어들어갑니다. 하나님께서 그토록 찾기를 원하는 자가 바로 자신이며, 자신이 하나님에 의하여 찾아졌음을 기뻐하며 마을로 뛰어들어갑니다. 또 다른 잃어버린 자들을 찾기 위하여 마을로 뛰어들어갑니다.

그 여인의 삶-곧 부정적이고 타인을 피해 사는 음지의 삶에서 땅 끝까지 말씀을 전하는 증인의 삶으로 바뀌었습니다. 그녀의 삶이 동력화된 것입니다. 그 여인에게 있어서 그 동네 마을이 땅 끝입니다. 땅 끝은 먼 곳에 있는 것이 아니라 우리 가정에도 있을 것입니다. 가장 가기가 어렵다고 생각하는 곳, 가장 거리가 멀다고 생각하는 심리적인 땅 끝이 바로 그녀에게는 마을이었을 것입니다. 자신이 부정하고 음란한 여인이라고 생각해서 마을 사람들을 피해 살던 여인이었습니다. 그래서 마을 사람들이 없을 가장 따가운 12시 정오에 물을 길러나갔던 여인입니다. 그런데 그러한 부정한 여인이 마을 중심부로 뛰어 들어가서 증인이 될 수 있었던 것은 바로 기름부음이 있었기 때문입니다.

제자들이 음식을 사러 들어갔을 때에는 아무 일도 일어나지 않았습니다. 하지만 예수님과 대면하고 영원한 생수와 예배에 대한 비밀이 풀리고 나자 그 여인은 가만히 앉아만 있을 수가 없었습니다. 그녀는 마을로 뛰어들어갑니다. 그 마을에 있는 사람들이 주님을 만나게 되기를 소원하였습니다. 그들도 바로 메시아, 그분을 만나게 되기를 원하였습니다. 전도의 영성이 회복됩니다. 제자들도 하지 못하던 전도를 이 여인이 과감하게 실천합니다. 마을로 뛰어 들어갑니다. 지금까지 자신의 목마름을 해결해주었던 물동이를 버려두고 마을로 뛰어들어갑니다. 어떻게 부정한 여인이 이렇게 마을로 뛰어들어갈 수가 있었을까요?

그것은 생명의 기름부음이 그녀에게 부어졌기 때문입니다. 기름부음이 있게 될 때 우리의 삶도 이렇게 동력화됩니다. 우리가 갖고 있는 이지적인 깨달음, 이성적인 이해, 합리적인 사고 등, 여기에 불을 붙여서 움직이게 하는 힘이 바로 기름부음에 있습니다. 가정생활이나 직장생활, 그리고 교회생활 어느 곳에든지 기름부음이 없다면 살아도 죽은 생활이며, 움직여도 동력이 나타나지 않는 생활이 될 것입니다. 그래서 기름부음을 우리가 소원하며 기대하는 것입니다! 우리 모두가 수가의 사마리아 여인처럼 삶을 동력화할 수가 있습니다.

가끔 우리들은 이 말씀으로부터 "와서 보라."라고 표어를 만드는 경우들이 많이 있습니다. 무엇을 보느냐가 중요합니다. 무엇을 바라보느냐가 중요합니다. "와서 보라."고만 외치게 되면 쇼를 보러 오라는 말인지, 교회를 보러 오라고 하는지 알 수가 없습니다. 이 여인은 분명히 외치고 있습니다. "내가 행한 모든 일을 내게 말한 그분을 와서 보라."고 외칩니다. 생명나무를 보라는 것입니다. 우리는 선악을 알게 하는 나무를 오랫동안 보아왔습니다. 보암직도 하여 보아왔습니다. 그렇기 때문에 보라는 것 자체는 크게 오해를 살 수도 있습니다.

우리가 보아야 할 분은 바로 생명나무 되신 그리스도이십니다. 메시아, 기름부음 받은 자이십니다. 그분을 바라보아야 생명의 기름부음이 흘러나옵니다. 그분을 바라볼 때, 우리는 살게 되고 하나님이 하나님이 되십니다. 신령과 진정으로 예배드리는 자를 찾고 계시는 그 하나님을 만나게 되는 것입니다. 이 여인이 그토록 갈망하던 예배, 목마르던 예배, 그 예배의 대상을 찾게 되고, 그 예배의 대상으로부터 찾기를 원하는 대상자였음을 알고 감격합니다. 이제 선악을 알게 하는 나무의 열매로부터 이 여인은 뿌리를 바꿉니다. 예수님은 그녀를 정죄하지 않았고, 있는 모습 그대로를 받아주셨습니다. 곧 칭의의 사건이 일어난 것입니다.

그래서 그 여인은 그 감격을 가지고 마을로 뛰어들어갑니다. 자신이 깨끗하다든지, 자신이 잘났다고 마을로 뛰어들어간 것이 아닙니다. 자신의 구원의 감격을 가지고 들어간 것입니다. 모두가 그 생명을 함께 나누기를 원하였기 때문입니다. 이 여인에게 있어서 마을에 있는 모든 자들이 잃어버린 자들이며, 당연히 생명의 근원이신 예수님을 만나서 새롭게 인생을 조명받아야 할 사람인 것을 알았습니다.

자신에게도 그러한 소망이 되신 분이 예수님이시라면, 마을 안에서 "그래도 나는 깨끗하게 살고 있어. 나는 도덕적으로 다른 이보다는 나아."라고 만족하고 있는 도덕적 영성의 소유자들에게 생명의 바람이 불어야 할 것을 알았습니다. 점잖고 남에게 손가락질을 당하지 않지만 그 안에 생명이 없는 사람들에 대한 연민을 가지고 마을로 들어간 것입니다. 생명의 바람이 이 여인을 통하여 마을에 불어닥칩니다. 사람들이 하나 둘씩 예수님 앞으로 나옵니다. 그리고 그 생명나무를 바라보는 순간, 자신의 종교적이고 도덕적인 삶이 얼마나 비참하게 죽어있었던가를 알게 됩니다. 그래서 바리새인들, 유대인들, 서기관들이 예수님을 제거하려고 한 것입니다. 자신에게 없는 생명이 예수님에게 있었기 때문입니다.

생명은 생명을 낳습니다. 예수님의 생명의 말씀이 여인에게 들어가는 순간, 이 여인 역시 생명의 역사를 낳습니다. 생명은 어디에서나 생명을 낳습니다. 우리에게 생명이 있는지 없는지는 바로 이러한 열매를 보고 압니다. 우리를 통하여 그분 앞으로 돌아오는 사람들이 많다고 한다면 우리 안에 그 생명이 있기 때문입니다. 생명은 흘러나갑니다. 생명은 느낍니다.

어린아이들을 보십시오. 그들은 생명이 넘쳐흐릅니다. 잠시도 그냥 앉아있지 못합니다. 그 안에 생명이 있기 때문입니다. 그 안에 다이내믹한 힘이 있기 때문입니다. 만일 우리 안에 이러한 어린아이 같은 생명이 넘친다면 우리도 가만히 앉아있을 수가 없을 것입니다. 마을로 뛰어들어갈 것입니다.

생명나무로 시선을 옮기는 순간, 반드시 살게 됩니다. 생명나무를 먹는 순간 반드시 마을로 뛰어 들어가게 됩니다. 생명나무의 음성을 듣는 순간 진리를 선택합니다. 다시는 속지 않습니다. 그리고 정복하고 다스리는 백성으로 다시 회복됩니다. 마을의 시선과 옳고 그름의 정죄를 받던 이 여인이 그러한 마을 사람들로 인하여 정복당하고 있었는데, 이제 그러한 편견을 정복하러 마을로 뛰어 들어갑니다. 그녀는 외칩니다.

"이제 나는 더 이상 창녀가 아니고 전도자야. 나는 살았고 예배와 경배를 주님께 드리는 자야. 나는 이제 어제의 그 여인이 아니야. 주님이 나에게 새 일을 행하셨어. 나는 이제 정복당하지 않을 거야. 나는 정복자이고, 다스리는 자야. 나는 오늘 그 예배의 대상이신 그분을 만났어. 너도 그분을 만나봐. 와서 그분을 만나봐. 와서 그 생명나무를 바라봐. 그분이 바로 메시아 아니시겠어?"

마가가 나의 일에
유익하니라

"누가만 나와 함께 있느니라 네가 올 때에 마가를 데리고 오라 그가 나의 일에 유익하니라"(딤후 4:11).

앞에서는 땅 끝까지 달려가는 생명의 기름부음 받은 자들에 대하여 말씀을 나누었습니다. 예수님이 제자들에게 마지막으로 남기신 말씀은 땅 끝까지 이르러 증인(Eye witness)이 되라는 말씀이셨습니다. 증인은 그리스도의 사랑을 본 자들입니다. 사랑을 보았기 때문에, 그 기적을 목격했기 때문에 어디에서나 증거를 할 수가 있는 것입니다. 직접 보았기 때문에 죽을 수 있는 것입니다.

어느 때인가 신학대학원에서 삼위일체 하나님을 부인하는 제목으로 젊은 전도사가 논문을 쓰고 있었습니다. 제가 그 교회에서 부흥회를 인도하였는데 그 젊은 전도사가 제가 하는 모든 말을 믿을 수 없다고 하였으며 자기의 주임 교수는 예수님이 하나님이 아니며 단지 하나님께서 너무 예수님이 훌륭해서 신격화해 준 것이라고 믿고 있다고 했습니다. 저는 그 학생에게 주임교수에게 가서 이렇게 전해달라고 부탁했습니다. "윤남옥 목사는 삼위일체 되신 하나님을 증거하기 위하여 죽을 수 있다고 전해라. 그리고 그 교수님에게 여쭈어보아라. 예수님이 하나님이 아니시라는 것을 증거하기 위하여 죽을 수 있는지 물어보아라. 만일 그 신학적 지식을 위하여 죽을 수 없다면 다시는 제자들에게 그런 거짓된 말씀을 전하지도 말고 논문도 쓰게 하지 말라고 해라. 앞으로 말씀을 듣고 나가 순교할 제자들에게 그런 거짓된 말을 전하면서 자신이 어떻게 신학대학 교수라고 할 수 있는가? 당신은 학생들을 살리기 위하여 교수를 하는가? 아니면 앞으로의 목회를 죽이기 위하여 교수를 하는가? 이렇게 물어보아라." 그 말에 이 전도사는 회개하고 무릎을 꿇고 겸손하게 주님 앞에 나아왔습니다.

이 증인이라는 말의 어원이 순교자입니다. 그 진리를 전하다가 죽을 수 있다는 뜻입니다. 그 진리가 참 진리이기 때문에 자신의 생명과도 바꿀 수 있다는 뜻입니다. 그리고 그 진리를 목격했기 때문에 생명과 바꾸면서도 그 진리를 수호한다는 뜻입니다. 어떻게 이렇게 증인이 될 수 있을까요? 생명나무와 만난 사람들, 그 생명나무로부터 생명을 공급받는 사람들은 강력한 전도자의 삶을 살게 되고 그것은 순교자의 삶으로 연결됩니다. 의에 주리고 목마른 자들은 결국에는 의를 위하여 핍박을 받게 되기 때문입니다. 성경에서 이렇게 생명의 기름부음을 받고 순교의 길을 갈 수 있었던 사람들이 있습니다. 저는 처음으로 마가에 대하여 여러분과 나누고 싶습니다.

마가는 부요한 집, 과부의 아들이었습니다. 사실 마가는 예수님의 제자도 아니었고 예수님을 직접 목격한 자는 아니었습니다. 마가는 실제로는 베드로의 제자라고 부르는 것이 합당합니다. 마가는 베드로를 따라다니면서 통역자로서 일을 하였고 베드로의 신학을 기초로 해서 마가복음을 저술하게 되었습니다. 마가는 마가복음 마지막에 수치스러운 모습으로 공개됩니다.

"제자들이 다 예수를 버리고 도망하니라 한 청년이 벗은 몸에 베 홑이불을 두르고 예수를 따라가다가 무리에게 잡히매 베 홑이불을 버리고 벗은 몸으로 도망하니라"(막 14:50-52).

이 사람이 꼭 마가라고 지적할 수는 없지만 이 사건이 유독 마가복음에만 기록되어 있고 또한 익명으로 나와 있는 것으로 보아서 마가 자신이 경험한 특별한 사건이 아니었는가 보고 있습니다. 마가는 예루살렘에 살고 있었고 예수님이 갈릴리에서 목회를 하실 때에는 만날 수가 없었습니다. 그러나 예루살렘에 입성을 하신 후 잡혀가실 때에 목격할 가능성은 많았습니다. 또한 잡히실 때가 밤이므로 홑이불을 두르고 나와서 그 모습을 구경하다가 무리에게 잡히자 벗은 몸으로 도망가 버리는 경우였을지도 모릅니다. 비단 이 사건에서만 수치스러운 것을 보여주는 것은 아닙니다.

마가는 아저씨 바나바와 함께 떠난 선교여행에서 바울에게 인정을 받지 못합니다. 왜냐하면 밤빌리아에서 홀로 집으로 돌아가 버렸기 때문입니다. 부요한 가정에서 자라난 마가에게 있어서 밤빌리아는 무서운 곳이기도 하였습니다. 학질이 돌고 각종 전염병도

감수해야 하는 선교여행길이 어린 청년 마가에게는 감당할 수 없었던 일이었던 것입니다. 부요한 집에서 편안한 생활을 하던 마가는 그러한 선교생활이 견딜 수가 없어서 중간에 혼자 돌아와 버립니다. 이러한 모습을 본 바울은 무척 화가 났습니다. 그리고 마가에 대한 신뢰를 모두 버리고 맙니다.

"며칠 후에 바울이 바나바더러 말하되 우리가 주의 말씀을 전한 각 성으로 다시 가서 형제들이 어떠한가 방문하자 하고 바나바는 마가라 하는 요한도 데리고 가고자 하나 바울은 밤빌리아에서 자기들을 떠나 함께 일하러 가지 아니한 자를 데리고 가는 것이 옳지 않다 하여 서로 심히 다투어 피차 갈라서니 바나바는 마가를 데리고 배타고 구브로로 가고 바울은 실라를 택한 후에 형제들에게 주의 은혜에 부탁함을 받고 떠나 수리아와 길리기아로 다니며 교회들을 견고하게 하니라"(행 15:36-41).

그러한 마가가 마가복음을 전하고 있습니다. 마가복음은 풍전등화와 같이 핍박 앞에서 죽어져가고 있는 교회에게 승리의 복음을 전하기 위하여 기록된 것입니다. 예수님께서 예수님을 잡으러 온 무리 앞에서 "일어나 함께 가자."며 죽음도 두려워하지 않고 일어서는 모습을 기록하면서 우리의 왕 되신 예수님은 결코 겁쟁이가 아니며 죽음도 두려워하지 않고 일어나셨음을 선포합니다. 그러므로 "교회들이여! 두려워하지 말라! 함께 일어나서 나가자!" 하고 마가는 외치고 있는 것입니다.

마가복음은 어떤 의미에서 교회를 향한 메시지라기보다는 마가 자신에 대한 메시지였을지도 모릅니다. 마가는 두려움과 공포로 주님을 전하는 것을 포기한 사람이었는데 베드로를 만나 그의 통역을 맡으면서 변화합니다. 베드로가 기름부음을 받고 담대하게 말씀을 선포하고 그를 통하여 놀라운 일들이 일어나는 것을 보았기 때문입니다. 또한 그는 베드로의 설교를 기록하였고 베드로의 설교를 통역하였습니다.

베드로의 그림자만이라도 밟을 수 있을까 하고 모여드는 무리들을 보면서 그의 곁에서 사역을 감당하던 마가는 점차 성장하게 됩니다. 베드로의 기름부음이 임파테이션 된 것입니다. 저도 그러한 것을 경험하게 되는데 안드레 잭슨 목사님을 통역하면서 많은 임파테이션을 받게 되었습니다. 그 사람의 신학과 인격을 가장 잘 알 수 있는 것은 통역을 통해서입니다. 또한 메누하 집회에서 섬김이로 일하면서 임파테이션 받는 것을 보게 되는데 그들은 보기만 해도 임파테이션을 받게 됩니다. 사실 우리는 보고 배운 것이 없어서 사용하지 못하였던 것입니다. 그러므로 섬김이는 섬기면서 배우며 섬기면서 임파테이션을 받습니다.

우리 속담에 서당 개 3년이면 풍월을 읊는다는 말은 참으로 진리입니다. 우리는 가끔 이러한 집회나 임파테이션 세미나에서 며칠 참석하고 '별 것 아니구나' 하면서 떠나는 사람들을 보게 됩니다. 어떤 것을 진정으로 임파테이션 받기 위하여 3년이라는 기간이 필요한 것입니다. 우리 주님도 제자들과 3년을 함께 보내셨습니다.

마가는 마지막에는 바울의 인정을 받았습니다.

"누가만 나와 함께 있느니라 네가 올 때에 마가를 데리고 오라 그가 나의 일에 유익하니라"(딤후 4:11).

사도 바울이 나의 일에 유익하다고 한 말은 무엇을 뜻합니까? 사도 바울의 일은 이방인에게 복음을 전하다가 핍박을 받는 일이었습니다. 마가가 그의 일에 유익하다고 한다면 핍박을 받고 순교를 할 수 있을 만큼 성장했다는 뜻입니다. 실제로 바울의 죽음에 목격자가 된 사람은 마가와 누가였습니다. 모두가 사도 바울의 곁을 떠났고 그 둘이 바울의 최후를 지켰다고 합니다. 그리고 마지막에 마가도 순교를 하였습니다. 마가가 담대해질 수 있었던 이유는 바로 생명의 기름부음에 있었습니다. 이 기름부음은 베드로와 다른 사도들과 함께 생활하면서 임파테이션 받은 것이며 그는 곧 충만하게 기름부음을 받게 되었고 두려움과 비겁함은 담대함으로 변하게 되었습니다. 마가는 더 이상 예전처럼 수줍고 두려워하던 청년 마가가 아닙니다. 그는 예수님이 외치는 "일어나 함께 가자."라는 순교의 장정에 설 수 있는 담대함을 가지게 된 것입니다. 마가도 분명히 담대한 최후를 맞이하였을 것입니다.

저는 마가에게서 유약하였던 저의 과거를 보는 것 같아서 동질

감을 느끼기도 합니다. 하지만 주님의 기름부음이 임하면 우리는 특별해집니다. 특별하기 때문에 기름을 부어주는 것이 아니라 기름부음을 받기 때문에 특별해집니다. 저와 여러분이 특별한 것은 바로 이 생명의 기름부음을 받았기 때문입니다. 생명을 부어주시는 그리스도를 직접 대면하였기 때문입니다. 그분의 영광 앞에서 흘러나오는 기름부음을 직접 받은 자들이기 때문입니다. 생명나무를 바라보는 모든 자는 동일한 축복을 받습니다.

나사로까지
죽이려고 모의하니

"유대인의 큰 무리가 예수께서 여기 계신 줄을 알고 오니 이는 예수만 보기 위함이 아니요 죽은 자 가운데서 살리신 나사로도 보려 함이러라 대제사장들이 나사로까지 죽이려고 모의하니 나사로 때문에 많은 유대인이 가서 예수를 믿음이러라"(요 12:9-11).

저는 기름부음을 공부하면서 주님과의 깊은 교제를 하게 되었는데 기름부음이 있는 곳에 깊은 코이노니아가 이루어지고, 깊은 코이노니아가 이루어질 때에 기름부음이 더욱 풍성하게 임한다는 것을 알았습니다.

나사로의 가정을 이런 관점에서 본다는 것은 재미있는 일입니다. 나사로의 가정은 예수님의 친구이기는 했지만 실제로 기름부음이 임했던 것은 아니었습니다. 그래서 마리아의 신앙은 앉아있는 영성이었고 마르다는 분주하게 일을 하지만 불평이나 하는 영성이었고 나사로는 별로 특색이 없는 평범한 사람이었던 것 같습니다. 나사로가 죽게 되었을 때에 죽은 지 사흘 뒤에 오신 예수님은 마리아와 마르다와 대면하면서 나사로를 무덤에서 살려냅니다. 죽었던 나사로가 무덤에서 일어나게 된 것입니다. 이것은 이 가족에게 참으로 놀라운 사건이었습니다. 그러나 죽었던 나사로가 살아난 것보다 더욱 놀라운 능력이 드러난 것은 예수님에 대한 새로운 이해와 만남이 그들에게 일어난 것이었습니다.

그들은 예수님의 눈물을 만났고, 그분의 구원을 향한 사랑을 만났고 나사로를 향한 뜨거운 우정을 만났고 생명을 주시기 위하여 그분이 얼마나 큰 심장을 가지고 그들에게 다가오는가를 만나게 되었던 것입니다.

"예수께서 눈물을 흘리시더라 이에 유대인들이 말하되 보라 그를 얼마나 사랑하셨는가 하며"(요 11:35,36)

이것이 그들에게는 특별한 기름부음의 사건이 되었습니다. 예수님을 대면하고 그분이 누구이신가를 알게 되었다는 것이 바로 기름부음의 사건이었던 것입니다. 예수님의 영광을 만나게 될 때에, 그분의 현존 앞에 서게 될 때에 저는 언제나 기름부음이 임한다고 말씀을 드렸습니다.

예수님을 대면하고 그분이 누구인가를 실제로 알게 되고 만나게 되었을 때, 그분의 놀라운 영광 앞에 서게 되었을 때에 그 가족은 모두 변하게 되었습니다. 실제로 그들은 예수님을 위하여 잔치를 베풀었습니다. 나사로를 잡으려고 모의하고 있을 때임에도 불구하고 그들은 주님을 향한 즐거움을 놓칠 수가 없었습니다. 그들은 잔치를 베풀었고 예수님과의 특별한 친교의 시간을 갖게 되었던 것입니다.

마리아는 새로운 존재가 되었습니다. 그의 고백이 달라졌습니다. 예전에 예수님은 그녀에게 가장 훌륭한 랍비였으며 능력 있는 치유자이셨습니다. 하지만 이제 그분을 죽으러 오신 그리스도로 고백하고 그분의 장례를 위하여 기름을 그분의 발 앞에 부었습니다. 가지고 있는 모든 것을 그분 앞에서 부어도 낭비라고 생각하지 않는 사랑이 그녀로부터 불 일듯 일어나게 되었습니다.

"예수께서 이르시되 그를 가만 두어 나의 장례할 날을 위하여 그것을 간직하게 하라"(요 12:7).

마르다는 언제나 일하는 여자였습니다. 가정의 대소사를 맡고 열심히 일을 하는 여성이었습니다. 그러나 그 일들이 주님을 중심으로 하는 일은 아니었습니다. 그녀는 때로 불평했고, 자신의 일을 누군가가 알아주기를 원하였습니다. 그리고 예수님 중심으로 봉사를 하는 것보다 다른 이들을 위하여 일을 하면서 항상 분주하였던 여성이었습니다. 그러나 이제 그녀는 불평 없이 기쁨으로 봉사하고 섬기게 되었습니다. 주님을 향한 기쁨이 넘쳐흘렀습니다.

또한 나사로는 죽을 각오를 하고 예수님 곁에 앉아서 다시 살게 된 기쁨을 누리고 있었습니다. 나사로는 아무 말도 하지 않았지만 나사로로 인하여 예수님이 어떤 기적을 베푸셨는가를 모든 이들이 알게 되었습니다. 다른 이들에게 나사로의 살아있음이 큰 메시지가 되었던 것입니다. 전도는 언제나 말을 통해서 되는 것이 아니라 그 존재, 그 삶을 통해서 일어나는 것입니다.

이 가족에게 달라진 것은 그들이 축제 가운데 들어갔다는 사실입니다. 환경이나 조건에 연연해하지 않고 그리스도와 함께 있는 것으로 큰 즐거움이 넘쳤던 것입니다. 그래서 축제를 베풀었습니다. 그리고 더욱 깊은 대화와 친교로 들어갔습니다. 그것은 자연히 모든 이들에게 간증이 되었고, 증거가 되었습니다. 그래서 나사로는 아무 말도 없이 예수님 곁에 앉아 있었지만 그분이 실로 나사로에게 어떤 일을 베푸셨는지 증거하게 된 것입니다.

그 당시 예수님뿐만 아니라 나사로도 죽이려고 유대인들이 모의하고 있었다는 것을 아는 것이 중요합니다. 나사로로 인하여 너무나 많은 사람들이 예수님을 따르게 되었기 때문입니다. 나사로는 죽음에 연연치 않고 예수님 곁을 지킵니다. 이제 예수님만 바라봅니다. 생명나무만 바라봅니다. 그는 아무 말도 하지 않았지만 강력한 증인이 되어 있었습니다. 죽음을 두려워하지 않고 예수님 곁에 앉아있습니다. 죽음을 정복한 자의 모습이었습니다. 더 이상 죽음과 질병에 노예가 된 사람이 아니었습니다. 그 곁에 앉아있는 것 자체가 증거요, 전도요, 순교였습니다.

무덤 앞에서 "나사로야 나오라." 말씀하셨을 때, 나사로는 듣고 일어났습니다. 빛이 있으라 하매 빛이 있었던 것처럼, 예수님의 명령 앞에 창조의 역사가 일어난 것입니다. 명령하시자, 존재가 다시 존재하게 된 것입니다. 그 놀라우신 영광 앞에 나사로는 걸어나왔습니다. 그리고 창조의 기름부음이 부어진 것입니다. 말씀의 기름부음이 부어진 것입니다.

> "예수께서 이르시되 네 말이 네가 믿으면 하나님의 영광을 보리라 하지 아니하였느냐 하시니"(요 11:40)

이 세 형제자매는 하나님의 영광 앞에 서게 됩니다. 예수님의 말씀이 곧 창조의 역사, 생명의 역사로 나타나는 것을 보게 됩니다. 그들이 예수님의 눈물을 본 것처럼, 예수님의 영광을 보았습니다. 하나님의 살아계심을 보았고, 그분의 아들이신 예수 그리스도께서 말씀하시며 존재하는 능력을 보게 되었습니다. 예수님의 능력의 말씀 앞에서 나사로는 새로운 기름부음을 받은 것입니다. 죽을 수 있는 기름부음입니다. 이제 죽음이 두렵지 않은 것입니다.

유대 지도자들이 나사로를 죽이려고 모의하고 있을 때에도, 과감하게 잔치를 베풀고 공개적으로 예수님 옆에 앉아있었던 것은 나사로에게 임한 증인의 기름부음 때문이었습니다. 죽을 수 있는 용기, 그것도 생명의 기름부음으로 인한 것이었습니다. 나사로의 자매들이 담대할 수 있었던 것도 생명나무 되신 주님을 바라보게 되었기 때문입니다. 그 생명나무로부터 흘러나오는 생명으로 인하여 죽음은 더 이상 그들의 두려움의 대상이 아니었습니다. 기쁨과 생명이 죽음의 두려움을 정복하고 축제의 삶으로 안내하였습니다. 그 가정에 천국이 임한 것입니다.

베드로야
나를 따르라

"내가 진실로 진실로 내게 이르노니 네가 젊어서는 스스로 띠 띠고 전하는 곳으로 다녔거니와 늙어서는 네 팔을 벌리리니 남이 네게 띠 띠우고 원하지 아니하는 곳으로 데려가리라 이 말씀을 하심은 베드로가 어떠한 죽음으로 하나님께 영광을 돌릴 것을 가리키심이러라 이 말씀을 하시고 베드로에게 이르시되 나를 따르라 하시니"(요 21:18,19)

순교자의 기름부음을 받은 사람을 다시 거론하라고 한다면 베드로를 꼽지 않을 수 없습니다. 저는 처음에 베드로에게 "나를 따르라 사람을 낚는 어부가 되게 하리라."라는 말씀을 예수님이 주셨을 때, 예수님이 베드로와 함께 구원사역을 하기 위하여 부르신다고 생각하였습니다. 그런데 요한복음 21장에서 베드로를 부르시면서 나를 따르라고 하셨을 때에는 "베드로야 이제 사는 것도 죽는 것도 함께 하자. 너는 나의 죽음에도 따라오거라."하는 말씀으로 들렸습니다.

사실 베드로는 예수님을 따라갔을 때, 예수님이 정치적인 메시아가 되어 자신이 크게 한 자리 할 것을 생각하고 따라나선 것 같습니다. 그 시대에 적절한 메시아가 오기를 기다리고 있었고 어느 곳을 쳐다보아도 절망적인 상태에서 예수님을 만난 것은 베드로에게 큰 사건이었습니다. 그의 마음 가운데 정치적인 메시아가 와서 유대를 개혁해 줄 것을 기다리고 있었는데, 그의 야심을 다시 불러일으킬 수 있는 분이 드디어 나타나신 것입니다. 세례 요한까지도 감히 자신과는 비교도 안 되는 분이라고 추천하니 베드로의 형제와 요한의 형제는 즉시 하던 일을 두고 주님을 따라나선 것이었습니다.

예수님의 3년 동안의 사역은 정말 멋진 것이었습니다. 아마 제자들은 3년 동안 입을 벌리고 다녔을 것 같습니다. 그리고 어깨를 펴고 다녔을 것 같습니다. 모르긴 해도 날마다 수없는 병자들을 말씀으로 치유하는 것을 보는 제자들은 젊은 예수님에 대한 자긍심도 있고, 결국에는 정치적인 메시아가 될 것을 굳게 믿고 있었을 것입니다. 그래서 예수님의 의도와는 달리 서로 '누가 더 크냐? 누가 마지막에 예수님 옆에 앉을 것인가'에 대한 토론을 계속하고 있었습니다.

"가버나움에 이르러 집에 계실새 제자들에게 물으시되 너희가 길에서 서로 토론한 것이 무엇이냐 하시되 그들이 잠잠하니 이는 길에서 서로 누가 크냐 하고 쟁론하였음이라"(막 9:33,34).

야고보와 요한은 직접 주님께 부탁을 하기도 하였습니다.

"여짜오되 주의 영광 중에서 우리를 하나는 주의 우편에, 하나는 좌편에 앉게 하여 주옵소서"(막 10:37).

야고보와 요한의 어머니도 직접 예수님께 구하였습니다(마 20:20). 그럴 때마다 예수님은 "너희는 너희가 구하는 것을 알지 못하는도다 내가 마시려는 잔을 너희가 마실 수 있느냐"(마 20:21)라고 물으셨습니다. 그 잔이 무엇을 의미하는지 아무도 몰랐습니다. 베드로까지도 그 잔이 어떤 잔인지 몰랐습니다. 그래서 베드로는 입으로 자신만은 주님을 결코 떠나지 않겠다고 하였으며 심지어 옥에도 같이 가겠다고 장담하였습니다.

하지만 가야바 대제사장 뜰 앞에서 베드로는 현실을 알게 되었습니다. 예수님이 재판을 받고 있을 때, 자신은 결코 그 옥에도 함께 갈 수 없으며, 함께 죽을 수 없다는 것도 알았습니다. 베드로는 두려워 무서워 떨며 결국 주님을 모른다고 고백하고 도망가 버립니다. 베드로는 예수님이 걸어가야 하는 길의 실재를 파악하지 못하였습니다. 그리고 비로소 가야바 대제사장 뜰 앞에서 사태의 심각성을 깨닫게 됩니다. 베드로는 가장 쉬운 길, 비겁하게 도망가는 길을 택했습니다. 마치 마가가 그랬던 것처럼, 베드로도 이 길을 결코 따라갈 수 없다는 것을 그때에 실감합니다.

베드로와 제자들은 예수님의 죽음에 무서워 도망쳐서 옛날 어부의 일로 돌아갔습니다. 아마 그들은 길고 긴 꿈을 깨고 난 사람처럼, 다시 예전의 하던 일로 돌아갔을 것입니다. 베드로는 속으로 이렇게 말했을지도 모릅니다. "우리 같은 주제에, 무슨 한 자리 해 보겠다고 그 청년 예수를 쫓아다녔다니…." 베드로는 꿈을 깬 것처럼 다시 과감하게 그물을 버리고 좇아 나섰던 길에서 일상으로 돌아갑니다. 모든 것이 실제였는지 믿어지지 않습니다. 그렇게 능력 있는 예수님이 십자가에서 단숨에 숨이 끊어지다니 믿을 수가 없었습니다. 모든 것을 다 하실 수 있는 분이 유독 자신만을 구원할 수 없단 말인가? 자신도 구원할 수 없었던 이를 우리는 무엇을 보고 그토록 열심히 따라다녔던가? 생업을 버리고 가족을 버리고 이 무슨 고생을 한 것일까? 베드로는 이제 실패한 마음으로 디베랴 강가에서 고기를 잡고 있었습니다.

하지만 예수님은 역전승의 왕이십니다. 그렇게 인생은 끝나지 않았습니다. 예수님은 부활 후, 디베랴 강가에 친히 찾아오십니다. 당황한 베드로와 고기를 함께 구워 잡수시면서 다시 한 번 더 베드로에게 확인을 시켜주십니다.

"너 나 사랑하는 것 맞아?"

베드로에게 순교의 사명을 주시는 예수님. 베드로는 이곳에서 다시 생명나무를 바라봅니다. 공간을 확장하고, 세력을 확장하고 한자리 하려고 했던 제6일의 가치를 버리는 순간이 옵니다. 예수님을 바라보면서 죽을 수 있는 기름부음을 받습니다. 물론 오순절 때 더 확실하게 생명의 기름부음을 받습니다. 베드로는 이제 주님이 따라오라고 하신 말씀의 본 의미를 알게 됩니다. 주님은 함께 죽을 수 있느냐고 물으시는 것입니다.

"너 나 사랑하는 것 맞아? 그러면 함께 죽으러 가자."

눈이 밝아 하나님과 같이 된다는 선악을 알게 하는 나무의 열매를 먹은 자들마다 서로 높아지려고 합니다. '누가 더 크냐'를 논하게 됩니다. 교만이 그들을 지배합니다. 하지만 생명나무를 바라보는 순간 생명을 공급받습니다. 이 생명력이 죽을 수 있는 힘을 줍니다. 어떤 죽음도 생명을 이길 수는 없습니다. 죽음에서 일어나신 예수님을 바라보는 순간, 우리도 역시 죽음에서 일어날 수 있는 새로운 힘을 얻게 됩니다.

베드로는 결국에 로마에서 순교를 하게 됩니다. 예수님이 달리신 십자가에, 그는 거꾸로 매달려서 죽게 됩니다. 그때 베드로가 이렇게 대답했을 것 같습니다.

"주님, 제가 주님 사랑하는 것 맞아요. 이렇게 주님을 위해 죽을 수 있어서 너무 행복해요."

생명나무를 바라보지 않는 한, 순교할 수 없습니다. 증인의 삶으로 살아갈 수 없습니다. 예수님과 함께 십자가의 길을 걸을 수가 없습니다.

저도 예전에 가장 무서운 것이 순교하는 것이었습니다. 순교한다는 사명을 받았다는 분들을 보는 것만으로도 두려웠습니다. 그것은 제가 순교를 두려워하는 것이 아니라 죽음을 두려워한 것이었습니다. 순교는 영광이라는 것을 알지만 죽음이 너무 두렵고 떨리는 것이었습니다. 그런데 그 죽음이라는 것이 생명나무로부터 생명을 공급받고 나니까 두렵지 않게 되었습니다.

지금도 끊임없이 사탄이 저를 죽이겠다고 위협하고 있어서 저는 매일매일 순교합니다. 교회 부흥회를 하면서 많은 사람들이 귀신으로부터 풀려날 때, 쫓겨난 귀신들은 영락없이 저의 호텔로 찾아와 밤 1시 반이 되면 저를 죽이려고 위협하면서 총공격을 합니다. 제가 어느 누구의 도움도 쉽게 받지 못하는 순간에 찾아와서 목을 조르고 숨을 못 쉬게 합니다. 실제로 그래서 죽은 적이 한 두 번이 아닙니다. 창원으로 내려가는 비행기에서도 그런 일을 겪었습니다. 사탄은 제가 만일 랜드웍(땅의 성지작업)을 창원에서 하게 되면 제가 다시 저의 침대에 돌아오지 못할 것이라고 하였습니다. 그러나 저는 감행했습니다. 저는 비행기 안에서 거의 죽었습니다. 사탄은 제가 어떤 도움도 받을 수 없을 때, 목 졸려 죽이려고 하였지만 비행기에 내리자마자 저는 공항에 있는 백병원에서 도움을 받고 소생하였습니다.

이렇게 저는 매일매일 순교합니다. 그런데 그러한 순교가 이제는 더 이상 두렵지 않습니다. 내 안에 풍성하게 부어진 생명, 그 생명의 기름부음이 저를 두려워 떨게 하지를 않습니다. 간혹 제가 섬기고 있는 이 메누하 사역을 앞으로 누가 이끌어갈지 물어보는 사람들이 있습니다. 그리고 제가 누구를 제일 신임하며, 누구에게 이 일을 맡길 것인가를 물어보시는 분도 계십니다. 또한 어떤 분은 그것이 자신이 되기를 은근히 기다리며 그런 동기로 저를 열심히 도우셨던 분도 계셨습니다.

그 질문에 대한 대답은 너무나 분명합니다. 순교의 기름부음을 받은 사람이 이 치유사역을 이끌어갈 것입니다. 치유와 축사사역을 이끌어 갈 것입니다. 그래서 하나님 나라가 이 땅에 임하도록 순교할 수 있는 사람들의 손에서 이 사역은 계속될 것입니다. 이 사역은 화려한 것도 아니고 유명해지는 것도 아닙니다. 베드로처럼 주님을 사랑하고 죽을 수 있는 사람들에 의하여 이 사역은 환영받을 것입니다. 주님은 오늘도 물으십니다.

"너 나 사랑하는 것 맞아? 그러면 나와 함께 죽을 수 있니?"

내게 죽는 것도
유익함이라

"나의 간절한 기대와 소망을 따라 아무 일에든지 부끄러워하지 아니하고 지금도 전과 같이 온전히 담대하여 살든지 죽든지 내 몸에서 그리스도가 존귀하게 되게 하려 하나니 이는 내게 사는 것이 그리스도니 죽는 것도 유익함이라"(빌 1:20,21).

생명의 기름부음을 받은 사람들이 성경에 무수히 많지만 저의 책에서는 땅 끝까지 가서 복음을 전하게 된 사람들과 순교한 사람들만 선택을 하여 여러분들과 나누기로 하였습니다. 순교의 기름부음을 받은 사람 가운데 네 번째로 말씀드리고 싶은 사람은 사도 바울입니다. 사는 것도 죽는 것도 그리스도라고 고백한 사도 바울은 이방인에게 복음을 전하기 위하여 핍박받는 자로 선택을 받았고 평생을 핍박과 환란 가운데에 살다가 순교하였습니다. 저희가 로마에 갔을 때 바울의 처형 장소를 가 보았습니다. 그곳에는 바울의 목이 올리어졌던 돌기둥이 있는데 그때 그의 목이 튀어나갔던 장소마다 샘이 솟아 흐르고 있는 것도 보았습니다.

사도 바울은 철저한 바리새인이었습니다. 바리새인에게 없는 것이 무엇일까요? 제가 메누하 치유 임파테이션 집회를 인도하면서 발견한 것은 이곳에 오시는 분들이 모두가 절박한 문제들을 갖고 찾아오신다는 사실입니다. 몸과 정신과 영혼과 생계의 문제가 있는 분들이 찾아온다는 사실을 발견하였습니다. 직장이 없는 사람, 불치병에 걸린 사람들, 목회지가 없는 목사님들, 미국의 경우에는 영주권이 없는 분들, 가난한 사람들, 생계가 막연한 사람들, 사업이 망한 사람, 앞으로 어떤 일을 해야 할지 막연한 사람들, 마음이 곤고하거나 비어있는 사람들, 깊은 마음의 상처를 가지고 있는 분들, 목회가 계속 기울어지고 있는 목회자들, 어두움의 영에 사로잡힌 사람들, 정신적으로 문제가 있는 분들이 기름부음 집회에 오십니다. 물론 건강한 분들도, 기름부음이 충만한 분들도 오십니다.

저는 예수님에게 기름부음이 임하면서 주신 말씀을 상고하면서 지금이나 예수님 시대나 마찬가지로 '가난한 자에게 복음을 전하시는' 것을 절감합니다. 메누하 집회에 문제에 부딪친 사람들이 더 많이 찾아오는 것처럼 예수님 주위에는 항상 그러한 사람들로 북적거렸습니다. 절박하게 주님의 도움을 구하는 사람들이 주위에 있었던 것입니다.

"주의 성령이 내게 임하셨으니 이는 가난한 자에게 복음을 전하게 하시려고 내게 기름을 부으시고 나를 보내사…"(눅 4:18)

주님이 이곳에 오신 것은 가난한 자에게 복음을 전하시러 오신 것입니다. 심령이 가난한 자는 복이 있나니! 정말 마음이 가난한 자들, 영혼이 가난한 자들에게 복음은 전해지는 것입니다.

그러면서 저는 바리새인을 생각해 보았습니다. 바리새인에게 부족한 것이 무엇이 있었을까? 부자 청년에게 주님은 너에게 부족한 것 한 가지가 있다고 하셨는데 그렇다면 바리새인에게 부족한 것이 무엇이었을까요? 그것이 바로 가난한 마음이었다는 생각이 들었습니다. 바리새인은 부족한 것이 없었습니다. 물질도 명예도 그리고 자신에 대한 평가도 당당했습니다. 율법을 지키고 하나님께 대하여 한 점 거리낌이 없는 사람들이었습니다. 사회적으로 명망이 있고 반듯한 생활을 하는 사람들이었습니다. 종교적으로도 존경을 받는 사람들이었습니다. 그리고 자신들에 대하여도 높은 자존감을 가지고 있는 사람들이었습니다.

사도 바울이 바로 그러한 사람이었습니다. 배운 것에 대하여도 가진 것에 대하여도 그는 부족함이 없는 사람이었습니다. 또한 하나님을 사랑하고 그분에 대한 헌신도 그 누구도 따라갈 수가 없는 사람이었습니다. 그렇기 때문에 그는 예수라는 기름부음 받은 자를 추종하는 자들을 잡아 죽이려고 핍박을 하는 자 가운데 있었습니다. 그들이 하나님을 모독하는 자라고 생각하였기 때문입니다.

"사울이 길을 가다가 다메섹에 가까이 이르더니 홀연히 하늘로부터 빛이 저를 둘러 비추는지라 땅에 엎드려져 들으매 소리가 있어 이르시되 사울아 사울아 네가 어찌하여 나를 박해하느냐 하시거늘 대답하되 주여 누구시오니이까 가라사대 나는 네가 박해하는 예수라"(행 9:3-5).

그러한 사도 바울이 하나님을 만나게 되었습니다. 다메섹 도상에서 영광스러운 빛 가운데 찾아오신 주님을 직접 만나게 되었습니다. 놀라운 기름부음이 그에게 임하였던 것입니다. 너무 빛이 강하여 그는 일시적으로 장님이 되기도 하였습니다. 그러나 그 빛 가운데 거한 것 자체가 기름부음이었습니다. 주님의 영광 앞에 섰던 것이었습니다. 생명나무 앞에 선 것입니다. 주님은 그를 이방인을 위한 선교의 도구로 사용하시기 위하여 불렀으며 박해 받을 자로서 부르신 것입니다. 그는 박해를 감당할 기름부음을 받은 것이었습니다.

사도 바울은 이제 완전한 변화를 이루게 되었습니다. 주님을 만난 후 아라비아 광야에서 3년간 주님과의 친교에 들어갑니다. 그러면서 그는 친밀한 기름부음을 받습니다. 주님만을 바라보면서 3년을 지냈습니다. 온전히 주님 앞에서, 주님을 대면하면서, 시간을 보냅니다.

그리고 그는 이방인을 위해서 복음을 전하면서 박해를 받는 자로서 당당하게 일어납니다. 그의 담대함, 그의 헌신, 열정, 그 누구도 따라갈 수 없었습니다. 바울과 실라는 감옥에서 매를 맞고 피를 흘리고 있는 가운데에서도 밤새도록 찬송을 불렀습니다. 그렇게 할 수 있었던 것은 오직 한 길, 기름부음 때문이었습니다. 천상의 기름부음으로 채워져 있었던 사도 바울은 환경에 관계없이, 박해에 관계없이 언제나 찬송을 부르며 주께 영광을 돌릴 수가 있었던 것입니다.

사도 바울은 3차에 걸쳐 세계선교에 나갔습니다. 풍랑 속에 거하기도 하고 배가 파손되기도 하고 줄에 매달려 죽을 고비도 넘기기도 하였습니다. 그리고 예루살렘으로 향하여 올라갈 때에는 순교의 각오를 하고 올라갔습니다. 그는 완전히 주님에게 사로잡힌 자가 되었습니다. 그 사로잡힘이 바로 기름부음의 열매였습니다. 기름부음은 이러한 사로잡힘 가운데 들어가게 하며 온전히 주님에게 순종하게 합니다. 사도 바울에게 임한 기름부음이 세계 복음전파를 위하여 기초가 되었습니다. 파도와 광풍도 두려워하지 않았고, 돌세례도 두려워하지 않았고 목을 쳐서 죽는 죽음도 두려워하지 않았습니다. 그것은 그가 다메섹 도상에서 주님으로부터 기름세례를 받고, 아라비아 광야에서 친밀한 기름부음 가운데 있었으며 언제나 쉬지 않고 말씀과 기도, 찬송으로 기름부음 가운데 풍성하게 거하였기 때문입니다. 저는 사도 바울이 받은 기름부음이 너무나 부럽습니다.

예수님, 곧 생명나무를 바라보기 전에는 사도 바울은 어떤 사람이었을까요? 그는 율법을 지키는 자이면서, 율법으로 남을 정죄하던 사람이었습니다. 옳고 그름을 너무나 잘 알고 있었으며 스스로 자신은 선한 사람이라고 믿고 있었습니다. 자신은 하나님을 너무 잘 믿고 있으며, 철저하게 하나님의 사람이라고 믿고 있었을 것입니다.

그러한 사도 바울 앞에 주님이 나타나셨습니다. 생명나무께서 그 앞에 서셨습니다. 그분의 영광이 너무 커서 눈을 뜰 수가 없었습니다. 선악을 알게 하는 나무의 열매를 먹으면 눈이 밝아 하나님과 같이 된다고 하였는데, 생명나무 앞에서는 너무 영광이 밝아 눈이 잠시 장님이 되었습니다. 눈을 뜰 수가 없었습니다. 바로 이것입니다. 주님 앞에서 서게 되면 눈을 뜰 수가 없으며, 그 영광 앞에 그대로 서 있을 수가 없습니다.

계속해서 사도 바울은 이제 생명나무만 바라보게 되었습니다. 삼층천만 바라보게 되었습니다. 그 생명나무이신 그리스도께서 어떻게 복음을 전하여 주셨으며, 어떻게 십자가에서 희생하셨는가를 알게 되었습니다. 그 십자가가 사도 바울의 뿌리를 바꾸게 하였습니다. 종교에서 생명으로, 율법에서 복음으로 뿌리를 바꾸게 하였습니다. 이제 더 이상 무엇을 지키는 데 열심이지 않아도 됩니다. 하나님과 같이 되어 남을 정죄할 필요도 없습니다. 유대인이나 이방인이나 모두가 예수님 앞에 나와야 합니다. 그분 안에 생명이 있기 때문입니다.

"너의 하나님이 되고 싶다."는 하나님의 소원이 사도 바울에게서 이루어집니다. 사도 바울은 살든지 죽든지 자신의 몸에서 그리스도가 존귀하게 되기를 원한다고 하였습니다. 그분을 위하여 죽는다면 그것보다 더 영광이 없다고 생각하였습니다. 그리고 그분을 위하여 죽는 것이 유익하다고 고백하였습니다. 바리새인 중의 바리새인이었던 사도 바울이 하나님의 사람이 되었습니다. 생명을 전하는 자가 되었습니다. 그가 가는 곳마다 생명사역이 꽃을 피웠습니다.

치유가 일어났으며 구원의 역사가 일어났습니다. 아시아와 유럽에 복음을 전하였고, 로마로부터 세계를 향한 복음의 문을 열었습니다. 생명은 생명을 낳습니다. 그래서 사도 바울은 언제나 생명에 넘쳤고, 그리고 행복하고 기뻤습니다. 옥중에서도 그리스도로 인하여 기뻤고, 복음이 전하여져서 하나님께서 그 영혼을 획득하시는 것이 기뻤습니다.

옥중에서도 하나님께서 하신 일에 대하여 찬양을 올려드렸고, 옥중에서도 옥 밖에 있는 자들을 위로하고 힘을 주었습니다. 사도 바울은 옥 밖에 있는 자들보다 더 행복하고 힘이 있었습니다. 주 안에 거하였기 때문입니다. 또한 각각 사람에게 생명을 주는 것이 환경에 있지 않고 그 사람 안에 있는 그리스도에게 있기 때문입니다.

"주 안에서 항상 기뻐하라 내가 다시 말하노니 기뻐하라"(빌 4:4).

옥 가운데에서도 천국이 임하고, 매를 맞고 있는 곳에서도 찬양이 임하고, 파선이 되고 있는 가운데에도 그에게는 하나님의 통치가 임하고 있었습니다. 바울의 삶을 통하여 주님의 거룩한 이름이 영광을 받게 되었고, 거룩한 하나님의 이름이 땅에 실추되었을 때 그 이름을 거룩하게 높여드리는 일들을 계속하였습니다. 사도 바울의 이름은 순교자의 목록에서 영원히 지워지지 않을 것입니다. 그에게 생명의 면류관이 주어진 것, 의의 면류관이 주어진 것 의심하지 않습니다. 달려갈 길을 다 달려가도록 주님만을 사랑한 사도 바울의 기름부음, 그 생명의 기름부음이 오늘 우리 모두에게 풍성하게 위로부터 임하기를 기도합니다.

글을 마치면서

"심령이 가난한 자는 복이 있나니 천국이 그들의 것임이요 의를 위하여 박해를 받은 자는 복이 있나니 천국이 그들의 것임이라"(마 5:3,10).

지금까지 저는 여러분들과 선악을 알게 하는 나무와 생명나무의 비밀에 대하여 말씀을 나누었습니다. 생명나무를 바라보아야만 생명에 이르고, 선악을 알게 하는 나무의 열매를 먹게 될 때에는 반드시 죽어야 하는 이유들을 알렸습니다. 하나님은 구원에의 의지를 갖고 계셔서 생명나무를 바라보고 영원히 승리하도록 우리에게 생명에의 의지와 자유에의 의지를 주셨다는 것도 다시 상기하면서 글을 마치려고 합니다.

이렇게 생명나무를 바라보게 되는 사람들은 결국에는 하나님께로부터 천국을 선물로 받게 됩니다. 단순히 영원한 생명만을 주시는 것이 아니라 나라를 선물로 주신다는 것을 말씀을 통해 알게 됩니다. 생명나무는 곧 하나님의 나라와 연결이 됩니다. 하나님 나라에서 누리는 모든 축복이 생명나무를 바라보는 자들에게 주어졌습니다. 선물 가운데 가장 큰 선물은 나라가 될 것입니다. 그런데 그 나라는 예수 그리스도께서 다스리는 나라입니다.

"너희는 먼저 그의 나라와 그의 의를 구하라"(마 6:33).

보다 구체적으로 그의 의를 구하라고 말씀하셨는데 하나님에게 있어서 의라고 주장하실 분은 예수님밖에 없습니다. 하나님께서는 하나님의 나라와 하나님의 의를 구하라고 하시면서 의 자체이신 예수님을 구하라고 말씀하십니다. 즉 예수님이 사랑과 의로 다스리는 나라를 구하라는 것입니다. 보다 적극적으로는 찾으라고 명령하시고 계십니다. 왜냐하면 그 나라의 축복이 어마어마하기 때문입니다.

저는 이 사역을 하면서 천국이 이미 우리에게 임하였으며, 이미 우리가 천국을 누리고 있다는 사실을 발견하였습니다. 천국은 앞으로 갈 천국도 있지만, 이곳에서 이미 누리고 있는 천국도 있다는 것을 알게 되었습니다. 천국은 통치의 개념이므로 어디에서든지, 언제든지 그분이 다스리는 곳에는 천국이 이루어집니다. 현재에도 미래에도 영원에도 천국은 있습니다. 이곳에도, 영원한 그 나라에도 천국은 있습니다. 천국은 하나님을 사랑하며 바라보며 그 말씀에 통치를 받는 사람들이 있는 곳에는 어디에나 지금도 이루어지고 있습니다. 현재도 임하고 있습니다.

> "예수께서 이르시되 너희는 기도할 때에 이렇게 하라 아버지여 이름이 거룩히 여김을 받으시오며 나라가 임하시오며"(눅 11:2)

생명나무를 바라보는 자들에게 주시는 천국의 선물이 여러분에게 풍성하게 임하기를 바랍니다. 주기도문에서도 그 나라가 임하도록 매일매일 기도하라고 가르쳐주셨습니다. 그분의 이름이 거룩히 여김을 받고 나라가 임하도록 지속적으로 기도하라고 말씀하셨습니다. 나라가 임하면 모든 것이 다 해결되기 때문입니다.

이 책에 이어서 발간되는 책에서는 생명나무를 바라보는 자들에게 임하는 천국에 대하여 보다 자세하게 말씀을 드리도록 하겠습니다. 실제적으로 제가 방문해서 보고 온 천국과 이 땅에 이루어지는 천국의 삶에 대하여 말씀을 드리도록 하겠습니다. 천국이 이 땅에서 이루어지면서 누리는 삶에 대하여 자세히 나누도록 하겠습니다.

이제 여러분들 삶에서 생명나무와 선악을 알게 하는 나무의 비밀이 밝혀져서 다시는 속지 않고 승리하는 삶이 이루어지기를 기도합니다. 그래서 생명을 누리고 더 나아가서는 천국을 누리는 성도들이 되기를 기도합니다.

지금까지 열심히 책을 읽으면서 함께 공감해주시고, 삶에 적용하려고 하시는 여러분들의 모습을 보아서 감사하며 기쁩니다. 이 책이 주님의 말씀을 순종하면서 승리하기를 원하는 모든 분들에게 작으나마 도움이 되었기를 기도합니다.

감사드립니다.
그리고 하나님께 영광을 올려드립니다.
메누하!

기름부음 시리즈 ①

생명과 자유의 기름부음

초판발행　2012년 4월 27일

지 은 이　윤남옥
펴 낸 이　박주경
펴 낸 곳　도서출판 메누하

등록번호　126-91-20214
주　　소　서울특별시 종로구 이화동 184-3
전　　화　070-8851-7578
총　　판　도서출판 진흥 (02)2230-5155
홈페이지　http://cafe.daum.net/bride23
e-mail　yunnamok@gmail.com

ISBN 978-89-967146-3-7

정가 11,000원